HISTOIRE
des vingt-six
MARTYRS JAPONAIS

Dont la canonisation doit avoir lieu

à Rome, le jour de la Pentecôte 1862

PAR

LÉON PAGÉS

Ancien attaché de légation en Chine.

Extrait de l'Histoire générale du Japon encore inédite
PAR LE MÊME AUTEUR

DEUXIÈME ÉDITION

PARIS

BENJAMIN DUPRAT | Vᵉ POUSSIELGUE-RUSAND
LIBRAIRE DE L'INSTITUT | LIBRAIRE
rue Fontanes (Cloître-Saint-Benoît), 7 | rue Saint-Sulpice, 23

ROME
CHEZ LA SIGNORA ROSA MERCURELLI
VIA SANTA CHIARA, 44
Juin 1862

HISTOIRE

DES

VINGT-SIX MARTYRS JAPONAIS

PARIS. — IMP. W. REMQUET, GOUPY ET Cⁱᵉ, RUE GARANCIÈRE, 5.

HISTOIRE

des vingt-six

MARTYRS JAPONAIS

Dont la canonisation doit avoir lieu

à Rome, le jour de la Pentecôte 1862

PAR

LÉON PAGÉS

Ancien attaché de Légation en Chine

Extrait de l'Histoire générale du Japon encore inédite
PAR LE MÊME AUTEUR

DEUXIÈME ÉDITION

PARIS

BENJAMIN DUPRAT	Vᵉ POUSSIELGUE-RUSAND
LIBRAIRE DE L'INSTITUT	LIBRAIRE
7, rue Fontanes (Cloître St.-Benoît)	rue Saint-Sulpice, 23

ROME

CHEZ LA SIGNORA ROSA MERCURELLI

VIA SANTA CHIARA, 44

Juin 1862

Tous droits réservés.

LES
VINGT-SIX MARTYRS JAPONAIS

Notre saint pontife le Pape Pie IX gravit incessamment la voie douloureuse qui le mène au Calvaire : mais il sait que son Maître est mort « par puissance et non par infirmité, » selon la parole de saint Augustin ; il sait que la croix de Jésus-Christ a été le salut du monde, et, à l'heure où il pressent sa propre immolation, il rend gloire au divin Crucifié à la face de l'univers, en élevant sur les autels l'admirable phalange des martyrs japonais. C'est un acte souverain de foi, et comme un testament immortel que des miracles extraordinaires peuvent convertir en une prophétie de victoire, inaugurant les temps véritablement nouveaux, et la liberté sacrée de l'Église de Jésus-Christ.

L'apôtre des Indes et du Japon, saint François Xavier, avait annoncé l'Évangile au Japon. Sa prédication merveilleuse avait, en deux ans et demi (1549-1551), converti des milliers d'infidèles, et jeté les fondements de chrétientés sans nombre. Il devint dans le ciel le patron de cette Église, et les ouvriers apostoliques de la Compagnie de Jésus, héritiers de sa doctrine et ses exemples, avec le secours de la grâce divine, recueillirent d'admirables fruits.

L'Église japonaise, cultivée par les pères jésuites, jouit durant trente-huit ans d'une paix presque absolue; en 1587, cent trente-huit membres de la Compagnie de Jésus y exerçaient l'apostolat, et plus de six cent mille indigènes professaient la foi chrétienne; en 1585, de jeunes ambassadeurs de trois principaux princes allèrent rendre hommage au souverain pontife le pape Grégoire XIII.

Cependant un formidable orage se préparait contre l'Église. Les causes principales en étaient d'une part les désordres et les violences des marchands portugais et espagnols, et de l'autre l'orgueil excessif de l'empereur Taicosama, qui voulait s'ériger en Dieu et se voir adoré comme l'un des anciens conquérants du Japon.

Il avait éprouvé de la part des chrétiens une invincible résistance à ses orgueilleux désirs.

Un dernier motif des colères impériales était la tyrannie de ses mœurs criminelles, et le noble refus des chrétiennes sollicitées d'entrer dans son sérail.

En l'année 1587, dans un accès violent de colère

contre les marchands, il avait exilé par édit tous les missionnaires.

Mais ce premier édit, grâce à la prudence de la Compagnie, demeura sans effet.

D'autres circonstances firent éclater l'orage.

(1591.) Le Japon, sous l'autorité de Taicosama, devenait un puissant empire. Le souverain, pleinement absolu, favorisé par la fortune au delà même de son ambition, consolidait sa puissance et étendait incessamment son domaine : mais il voulait surtout laisser après sa mort un nom impérissable, et prendre rang parmi les dieux. Ce bûcheron de la montagne, qui portait jadis du bois au marché pour subvenir à son existence, ainsi que lui-même n'hésitait pas à le déclarer, se sentait à l'étroit dans l'archipel japonais. Il conçut la pensée de conquérir la Chine, et fit entrer dans ses desseins les princes feudataires ; il entreprit alors une expédition en Corée, premier acte de la conquête.

Il avait d'autres vues encore : il voulait échanger les domaines japonais des princes, surtout des chrétiens, contre des apanages coréens, afin de déplacer les influences politiques et les éléments de propagation religieuse, en transférant à l'extrême frontière tous les seigneurs qui lui faisaient ombrage, et les mettant sur la première ligne des opérations militaires.

Un chrétien apostat, Faranda Kiyémon (il avait été baptisé sous le nom de Paul), après s'être appauvri dans le commerce, voulut relever sa fortune par la politique. Il obtint une audience de Taicosama, et lui dénonça les richesses naturelles de l'archipel des Philippines, ainsi que le petit nombre et les faibles ressources des colons espagnols. L'ardente convoitise du prince n'avait pas besoin d'être sollicitée, il lui suffisait d'envisager un but. Taicosama donna donc sans peine à Faranda la commission d'aller vers le gouverneur des Philippines, et d'en réclamer l'hommage d'un vassal.

Faranda fut porteur d'une lettre de l'empereur, remarquable par son caractère, et dont l'emphase n'excluait pas la grandeur.

Sur le point de partir, il sollicita le patronage des religieux de la Compagnie. Mais le P. Valignani, visiteur, instruit par le P. Organtin du naturel et des intrigues de ce messager, refusa sa recommandation, et prit soin d'avertir le P. Sedeño, supérieur à Manille. Faranda craignant que ce premier échec ne fît avorter son ambassade, se tourna vers les franciscains, dans la pensée de faire servir leur zèle à la satisfaction de ses désirs. En même temps, il se substitua par prudence Gaspard Faranda, son parent, et facteur; il lui confia le message et lui prescrivit de bien faire connaître aux franciscains les grands avantages qui devaient résulter pour la religion s'ils venaient prêcher au Japon, comme aussi de leur présenter sous un jour défavorable les œuvres de la Compagnie.

Gaspard se rendit à Manille et remit la lettre de l'empereur au capitaine général, D. Gomez Perez de las Marinas.

Les forces espagnoles étaient en effet très-insuffisantes pour s'opposer à une invasion ; et si l'on irritait l'empereur japonais, la guerre devenait imminente ; d'une autre part, le commerce du Japon, si merveilleusement productif à cette époque, pouvait être à jamais anéanti.

(1592.) Le gouverneur ayant consulté son conseil, et pris aussi l'avis du P. Sedeño, résolut d'envoyer à l'empereur du Japon une réponse amicale, et néanmoins négative ; et il choisit, pour cette ambassade, le père Jean Cobo, de l'ordre de Saint-Dominique [1]. Ce religieux méritait d'être choisi, tant à cause de sa grande vertu que de son courage vraiment apostolique. Le vice-roi de Manille en avait fait l'épreuve quand, excommunié lui-même, il n'avait pas trouvé grâce devant le saint dominicain [2].

La réponse de Gomez Perez de las Marinas était d'une dignité tout espagnole.

---

[1] Né à Consuegra, dans le diocèse de Tolède, il avait pris l'habit et fait profession à Ocaña ; il avait été maître des étudiants à Avila, jusqu'à ce qu'il obtint d'aller aux Philippines. Il passa par la Nouvelle-Espagne, où il reçut de ses supérieurs la mission de prêcher. Les scandales publics, donnés par les personnages les plus considérables et par le vice-roi lui-même, l'obligèrent de reprendre publiquement ce seigneur ; et ce fut en qualité d'exilé qu'il passa aux Philippines. A peine arrivé dans ces îles, on lui confia le ministère des Chinois, le plus laborieux de tous à cause de la langue. Il fonda un hôpital pour cette nation. On lui est redevable d'une traduction en chinois de la doctrine chrétienne. (*Aduarte*, l. 1, c. xxxiii.)

[2] *Aduarte*, ibid.

Cobo était accompagné du capitaine Lope de Llanos.

Au moment du départ, quelqu'un dit au bon religieux : « Que ferez-vous parmi les périls infinis de ces mers, étant privé de confesseur pendant un si long temps ? — Je vais, dit le père, en vertu de l'obéissance, et le remède au péril sera de ne point pécher : que Dieu daigne m'accorder cette grâce ! »

Il débarqua en septembre 1593, au port de Sachouma. Faranda vint lui offrir ses services, et le conduisit par mer jusqu'à Nangoya, ville toute récente, bâtie par l'empereur pour être le rendez-vous de son armée, et qui comptait déjà cent mille habitants. Taicosama se trouvait alors dans cette ville.

Cobo fut accueilli favorablement par le souverain. Il lui remit sa lettre, à laquelle Taicosama répondit qu'il accepterait l'amitié des Espagnols, et renoncerait à conquérir leur pays, s'ils prenaient l'engagement de lui offrir chaque année un présent à titre d'hommage.

Cobo répliqua noblement, ainsi qu'il convenait ; l'empereur ne s'indigna point de son courage, et lui témoigna, au contraire, la plus parfaite bienveillance.

Faranda fut élevé au rang de serviteur de la famille impériale, et pourvu d'une rente considérable. Il fut chargé, disent nos mémoires, conjointement avec le religieux, d'une seconde ambassade à Manille.

(1593.) Cobo, s'étant embarqué sur un navire japonais, fit naufrage auprès de Formose, et fut massacré avec tout l'équipage par les naturels de l'île. Ses dépêches se trouvèrent perdues.

Faranda, sur un autre bâtiment, arriva à Manille en juillet 1593. Il se présenta devant le gouverneur comme ambassadeur de Taicosama, conjointement avec le P. Cobo, et déclara que les dépêches qui s'étaient perdues avaient pour objet de réclamer le tribut de la part des Espagnols. En même temps, il remit une requête écrite en son propre nom, comme ambassadeur des îles et royaumes du Japon, et aussi des lettres signées de plusieurs chrétiens d'Amanguchi, Amacousa, Firando, Chequi et autres lieux : dans ces requêtes et lettres était exposée la pénurie de prédicateurs évangéliques, et il en était demandé de nouveaux avec l'agrément de Taicosama, sous la seule condition que ce fussent des franciscains.

Le vice-roi répondit sur l'heure même que les tributs des Espagnols étaient les boulets de leur artillerie, et il parut décidé à soutenir la guerre. Cependant, après quinze jours, ne voulant point rompre violemment avec un ennemi formidable, au moment surtout où lui-même, au nom du roi d'Espagne, allait entreprendre une expédition contre les Moluques, il résolut d'envoyer une autre légation, afin de conclure, s'il était possible, une paix honorable et une alliance de commerce entre Philippe II et le souverain japonais.

Il choisit pour son envoyé le P. Pierre-Baptiste, franciscain déchaussé de l'observance régulière, qui avait occupé durant six ans la charge de commissaire et visiteur aux Philippines, et qui venait d'être en dernier lieu gardien du couvent de Saint-Grégoire.

Ce vénérable religieux était né à Saint-Etienne, château du diocèse d'Avila, et était fils d'habit de la province de Saint-Joseph. Après avoir professé les arts à Peñaranda, il fut nommé gardien à Mérida ; mais il se démit de cette charge, afin de passer aux Philippines. Comme commissaire visiteur il accomplit d'admirables œuvres : animé d'un zèle extraordinaire et s'exprimant avec une éloquence tout apostolique, il prêchait sans cesse la réformation des abus, et le glaive de sa parole allait atteindre les gouverneurs eux-mêmes, et leur reprocher avec véhémence la tyrannie exercée envers les Indiens. On proposa un jour à un gouverneur de le faire périr afin d'étouffer sa voix: « A Dieu ne plaise ! dit le gouverneur ; ce religieux est saint et il fait son devoir. » L'évêque dominicain Salazar consultait en toute affaire grave le P. Pierre-Baptiste ; à Rome même, on avait de ce religieux une opinion si haute, qu'en 1596, il fut élu évêque de Camarines, pour le cas où à la dite époque il serait aux Philippines ; mais il était alors passé au Japon, et son élection demeura sans effet. En l'année 1593, ce vénérable père était âgé de quarante-huit ans.

Le P. Pierre-Baptiste refusa d'abord l'ambassade ; il savait que les pères jésuites possédaient un bref exclusif de Grégoire XIII, de l'année 1585, et qu'un rescrit du roi d'Espagne appuyait ce bref. L'évêque Salazar, qu'il eût voulu consulter, était en Europe, et il n'existait pas d'archevêque à Manille[1]. Le gouverneur demanda conseil au docteur Christoval de Salvatierra, administrateur de l'évêché. Celui-ci convoqua dans le couvent des Augustins les personnages ecclésiastiques les plus graves. On fit lecture du bref apostolique et de l'ordre royal, des lettres des chrétiens, ainsi que des représentations écrites du P. Sedeño, recteur du collège des jésuites, et de la délibération des pères de la Compagnie, tenue au Japon en 1580 et 1581, sous la présidence du P. Valignani, sur le point de savoir s'il convenait d'appeler en ce pays d'autres religieux pour y coopérer avec les Pères à la conversion des infidèles. Le P. Valignani et vingt-six autres avaient opiné pour l'affirmative, mais la décision finale avait été d'ajourner, et d'en référer au Saint-Siège et au roi d'Espagne.

Le P. Sedeño opposa le bref, et l'assemblée délibéra sur l'exécution. On fit valoir, en faveur de l'envoi du P. Pierre-Baptiste, les priviléges apostoliques de la province et ceux de la religion franciscaine en général, spécialement les bulles de Léon X : *Dilecti filii*, en date du 25 avril 1521; d'Adrien VI : *Omni modo*, du 10 mai 1622; de Clément VIII publiée en l'année 1633, en faveur des frères prêcheurs, mais commune aux franciscains; et d'autres encore.

Le gouverneur obtint une décision conforme à ses désirs; il donna donc les derniers ordres pour

---

[1] L'évêque Salazar mourut à Madrid en 1594. L'archevêché de Manille ne fut érigé qu'en 1598.

1.

le départ du père, et investit celui-ci d'un mandat en forme [1]. Il lui remit également une lettre pour l'empereur, où il rappelait l'ambassade du P. dominicain Cobo, et en reprenait pour ainsi dire la suite. Trois autres religieux franciscains furent adjoints au P. Pierre-Baptiste : c'étaient le P. Barthélemy Ruiz, insigne apôtre de Cochinchine, et qui passait pour

[1] Texte de la commission :

« Gomez Perez de las Marinas, chevalier de l'ordre de Saint-Jacques, gouverneur et capitaine général en ces îles Philippines, pour le Roi notre seigneur : par les présentes, je donne faculté et commission au R. P. prédicateur frère Pierre-Baptiste, religieux de l'ordre du seigneur saint François, afin qu'à son heureuse arrivée dans les royaumes du Japon, où il se rend comme ambassadeur auprès de l'empereur de ce pays, il puisse octroyer lui-même, aux personnes qu'il en jugera dignes, des licences et sauf-conduits, pour venir avec des navires de transport ou de commerce en ces îles Philippines, de manière à y aborder et y faire le commerce en toute sécurité ; je lui confère les mêmes facultés et commissions vis-à-vis de l'empereur du Japon, afin qu'il puisse traiter avec ce souverain et conclure les capitulations nécessaires au point de vue de la paix de l'amitié, et des bonnes relations de commerce que Faranda Kiyémon est venu solliciter et offrir à titre réciproque entre moi et l'empire du Japon, en parlant au nom de son maître, sous la réserve expresse de l'approbation et des ordres du Roi notre seigneur, auxquelles fins je lui renouvelle les dits pouvoirs et facultés en forme. A Manille, le 20 mai de l'an 1593 depuis la naissance de Notre-Seigneur Jésus-Christ.

« Gomez Perez de las Marinas. — (L. S.)

(*Chronique de saint Grégoire des Philippines*, part. I, l. I, c. xiv.)

avoir opéré des miracles[1] ; ce religieux, âgé alors de soixante-dix ans, demeura deux ans malade à Nangasaki, et dut retourner aux Philippines ; — et deux religieux lais qui tous deux furent martyrs, le frère Francisco de Saint-Miguel ou de la Parilla, et le frère Gonçalo Garcia.

Le frère Francisco de Saint-Miguel était né à la Parilla, village à quatre lieues de Valladolid, d'une famille de laboureurs aisés et excellents chrétiens. Il avait pris l'habit à l'âge de vingt et un ans à Saint-François de Valladolid, était passé dans la province de Saint-Joseph d'Espagne, et plus tard dans celle d'Arrabida en Portugal. Ayant demandé la mission des Philippines, il avait été envoyé d'abord, selon l'usage du temps, à la Nouvelle-Espagne, pour être de là dirigé sur Manille. En attendant il avait fait un voyage chez les sauvages Chichimèques, et était demeuré deux années entières au Mexique. Etant enfin venu aux Philippines, il avait appris à fond les langues de Camarines et de Manille. Son zèle le portant plus avant encore, il avait sollicité la mission du Japon, et avait étudié la langue de cet empire. Au Japon, il eut aussi la réputation de faire des miracles.

Le frère Gonçalo Garcia était né à Baçaïm, d'un

---

[1] Le P. Ruiz était né à Cabra, dans le diocèse de Cordoue. Étant allé, séculier encore, à la Nouvelle-Espagne, il y avait pris l'habit, et avait exercé le ministère parmi les Indiens. Il s'était rendu aux Philippines avec les premiers religieux de son ordre qui y avaient été envoyés ; et de là il était passé en Chine et en Cochinchine, et était revenu aux Philippines.

père portugais et d'une mère indienne, fille de chrétiens. Il avait été élevé par les religieux de la Compagnie de Jésus. A quinze ans, il accompagna les pères qui allaient au Japon et les servit durant huit années. Il fut attaché spécialement au père Sébastien Gonçalez. Ayant demandé son admission parmi les frères, il éprouva des délais. A cette époque survint au Japon le frère Jean le Pauvre, franciscain, lequel, étant riche de patrimoine, avait tout distribué aux pauvres et avait revêtu l'habit religieux à Manille. Le frère, en se rendant à Macao, l'an 1582, avait fait naufrage sur les côtes de Firando. Les exemples de vertu donnés par Jean le Pauvre, et les délais éprouvés de la part de la Compagnie, déterminèrent Gonçalo à passer à Manille pour solliciter l'habit de frère lai dans l'ordre franciscain. Il distribua aux pauvres le peu qu'il possédait, et entra en effet dans l'ordre le 3 juillet 1588. Ce frère devait servir d'interprète au père commissaire.

Le père Paul de Jésus, provincial des franciscains, donna au père Pierre-Baptiste les patentes de commissaire provincial et supérieur de sa religion au Japon.

Au moment du départ, le P. Sedeño fit de touchants adieux au bon père franciscain, en témoignage d'union charitable entre les ordres [1].

Les religieux avaient avec eux le capitaine Pe-

---

[1] Santa Maria, *Relatione del martirio che sei Padri scalzi*, etc. P. II, p. 17.

dro Gonçalez de Carvalho, noble portugais établi à Manille, qui devait les assister dans les affaires temporelles.

On rapporte que le voyage fut fécond en prodiges, et que le P. Pierre-Baptiste semblait commander aux vents et aux tempêtes.

Après trente jours de navigation, vers la fin de juin, on arriva au port de Firando, à dix lieues de Nangasaki et treize de Nangoya. Le père séjourna tout un mois à Firando, en attendant l'arrivée du F. Gonçalo, qui se trouvait sur un autre navire. Pendant cet intervalle, l'ambassadeur demeura renfermé dans sa demeure sans visiter personne, selon la coutume japonaise, qui interdit aux ambassadeurs de rendre aucuns devoirs avant d'avoir paru devant l'empereur. Taicosama, informé de la venue du père, lui envoya l'un de ses seigneurs, appelé Fioungen ou Fachegawa, chargé des affaires de Manille, lequel mit un navire à sa disposition. Le père, d'après l'étiquette, ne put lui rendre la visite.

Le P. Pedro Gomez, vice-provincial de la Compagnie de Jésus, envoya complimenter le Père ambassadeur, et lui offrit pour interprète un religieux de la Compagnie. Le Père Pierre-Baptiste n'accepta point cette offre, le frère Gonçalo Garcia possédant suffisamment la langue.

Fioungen fit dire au capitaine Carvalho qu'on devait ajouter mille piastres au présent impérial [1]. Le

---

[1] Pour tous les détails de l'ambassade, nous avons suivi

père s'y refusa pour ne point donner à son ambassade l'apparence d'un acte d'hommage.

Faranda, qui voulait se concilier à tout prix la faveur impériale, insista de son côté, mais sans plus de succès.

Sans se déconcerter, Faranda demanda au capitaine 200 piastres pour son propre compte et prit les devants sur le père commissaire ; mais ses desseins encore ne purent s'accomplir. Aussitôt après l'arrivée du frère Gonçalo, le P. commissaire partit sur la jonque impériale pour se rendre à Nangoya.

Pendant les délais du cérémonial le P. Jean Rodriguez, interprète de Taicosama, vint rendre visite à l'ambassadeur, et lui réitérer les compliments affectueux de la Compagnie.

Pour aller à l'audience impériale, un cortége magnifique avait été préparé. Mais le P. commissaire et ses compagnons conservèrent toute la pauvreté de la religion séraphique, ayant les pieds nus, la tête découverte, portant l'humble froc de bure et la corde grossière. Cependant par déférence ils acceptèrent des chevaux, et firent, dit leur annaliste, leur entrée dans Nangoya, à l'imitation de celle de Jésus dans la ville de Jérusalem, au jour des Rameaux.

---

deux documents d'une grande valeur, émanés de sources différentes : une lettre du P. Pierre Baptiste au provincial des Philippines (*Chr. de S. Grég.*, part. III. l. 1 c. xvii), et la relation de l'évêque du Japon Pedro Martins, adressée au roi de Portugal, au sujet du martyre. (*Archives du Gesu.*)

L'empereur les reçut dans un appareil solennel, étant assis sur son trône, et environné de ses seigneurs. La pauvreté des franciscains produisit un grand effet parmi ces splendeurs.

Le P. ambassadeur, suivi de Faranda, s'avança jusqu'au pied du trône, et prononça son discours, lequel fut répété par le frère interprète. L'empereur lui fit offrir le *sacanzzouki*, c'est-à-dire les rafraîchissements à l'usage du pays, et fit remettre au père et à ses compagnons de magnifiques vêtements de soie, qu'ils n'acceptèrent point, alléguant la pauvreté de leur institut.

L'empereur prit la parole en s'adressant à l'ambassadeur :

« Lorsque je suis né, dit-il, le soleil a envoyé ses rayons sur ma poitrine, et les devins interprétant ce prodige ont déclaré que je serais un jour le maître souverain, depuis l'Orient jusqu'à l'Occident ; je dirai plus encore : cent quatre générations royales se sont succédé, et jamais aucun roi n'a réuni sous son domaine tous les royaumes de l'empire, si ce n'est moi seul qui les ai tous conquis, et qui les maintiens sous mon obéissance. »

Il ordonna de lire la lettre du vice-roi, et après l'avoir entendue il reprit son discours. Il dit que les Espagnols de Manille devaient obéir à sa volonté ; que, dans le cas contraire, il enverrait son armée contre eux ; que déjà ses soldats se trouvaient inactifs, après avoir soumis le Japon tout entier et conquis la Corée ; que le roi de la Chine lui avait récemment envoyé une ambassade, afin de solliciter sa faveur, et de lui offrir sa fille pour épouse : que si cette promesse n'était point remplie, il déclarerait la guerre à la Chine, et combattrait jusqu'à la mort ; et que déjà, d'ailleurs, la Chine était tributaire.

Le P. commissaire fit répondre à l'empereur par le frère Gonçalo. Celui-ci félicita le prince sur sa puissance et son bon gouvernement, et sur l'ascendant pacifique qu'il exerçait sur tous les princes. Mais Taicosama, reprenant la parole, dit encore que les Espagnols lui devaient l'obéissance. Le F. Gonçalo tenta de l'adoucir par de bonnes paroles et lui rappela sa précédente lettre au vice-roi des Philippines, ajoutant que cette lettre ne disait rien de l'obéissance, et faisait seulement mention d'amitié ; qu'étant chrétiens, les peuples des Philippines devaient obéissance à Dieu seul, et étant Espagnols, ne relevaient que du roi des Espagnes. Le père était venu comme ambassadeur pour offrir l'amitié, sous la seule réserve de l'approbation du roi d'Espagne ; et jusqu'à sa réponse les quatre religieux offraient de demeurer en otages ; aussi bien leur présence serait la garantie du commerce espagnol : « Nous vous obéirons, dit le frère, comme feraient vos fils, et Votre Altesse nous tiendra lieu de père. » A ces paroles, Taicosama, admirant le grand cœur du Père ambassadeur et ne désirant pas moins conserver le commerce que d'obtenir un vain hommage, consentit à ce que le Père Commissaire et ses compagnons demeurassent pour attendre la réponse du vice-roi. Il ajouta même : « Vous me prenez pour votre père ; moi-même je vous accepte pour être mes enfants. Vous pourrez résider en ma capitale ; vous y aurez une résidence, et vous recevrez de moi tout le nécessaire pendant votre séjour. »

La teneur des articles proposés par le vice-roi était la suivante :

« L'empereur du Japon s'oblige à envoyer à Manille un certain nombre de bâtiments, avec des marchandises de nature et en quantité déterminées, lesquelles sont nécessaires aux Philippines, une fois par année.

« L'empereur du Japon ne permettra pas à des pirates ou corsaires de son empire, ou d'autres contrées, de troubler la paix qui doit exister entre des nations amies. Et afin qu'on connaisse aux Philippines que le commerce est entièrement sûr, l'empereur fera délivrer aux capitaines une patente avec sa signature et son sceau ; desquels signature et sceau le gouverneur de Manille aura les semblables.

« Dans le cas de guerre avec des ennemis puissants, les parties contractantes s'enverront réciproquement des secours, s'il en est réclamé. En tout cas de nécessité et en tout temps, les parties s'assisteront comme amis fidèles, et comme frères affectionnés. »

Ces articles devaient avoir leur valeur et effet entre l'empereur du Japon et le vice-roi de Manille, sous la réserve de l'information à donner au roi

Catholique, au bon plaisir duquel le gouverneur de Manille devait toute obéissance, comme un loyal sujet.

L'empereur admit ces articles comme bases du traité; et il fut convenu qu'il en serait fait part au roi d'Espagne.

Au sortir de l'audience, on offrit au père ambassadeur un festin magnifique. Taicosama voulut y assister, et s'asseyant auprès du père, il souleva la corde servant de ceinture, et s'en frappa l'épaule, plaisantant de la dureté des nœuds, et considérant avec attention les habits grossiers des religieux. Il conversa quelque temps avec le F. Gonçalo, et laissa les missionnaires et tous les seigneurs dans l'étonnement de ce merveilleux accueil.

Le père fut invité à se rendre à Méaco, métropole de l'empire, et une jonque impériale fut mise à sa disposition pour le voyage, qui était de cent cinquante lieues. A Méaco, l'hospitalité lui fut offerte ainsi qu'à ses compagnons et à Carvalho, dans la maison d'un des principaux seigneurs, et on pourvut libéralement à leur subsistance; l'empereur lui-même daigna leur envoyer des vêtements garnis de fourrures, qu'ils n'acceptèrent point, en raison de leur vœu de pauvreté.

Le P. Pierre-Baptiste eut recours à la charité du P. Pierre Gomez, vice-provincial de la Compagnie, et lui demanda les éléments nécessaires pour étudier la langue. Le P. Gomez s'empressa de lui communiquer les grammaires et les dictionnaires, des méthodes de confession, des dialogues faciles, et plusieurs autres livres de dévotion et d'étude, afin de faire participer tous les amis de Dieu au précieux trésor amassé par ses confrères.

Le P. commissaire s'empressa d'aller visiter le P. Organtin, supérieur de la Compagnie de Jésus, lequel, à cause de ses infirmités, avait obtenu licence de résider dans la capitale, avec un compagnon, le P. Perez, et trois frères, Vincent, Paul et Jean.

Les pères de Saint-François agirent dans le principe avec la prudence que les jésuites leur avaient conseillée.

Les chrétiens venaient chez eux et entendaient dévotement la messe. On renvoyait aux PP. jésuites pour la confession.

Mais ce concours de visites donna sujet aux bonzes de semer des soupçons.

Cependant Foungen, qui avait été le premier protecteur des pères franciscains, leur permit d'habiter une pauvre maison, afin d'y pratiquer la vie religieuse dans sa simplicité. Ils y recevaient toujours le subside impérial qui consistait en riz; et Carvalho les aidait généreusement de ses propres deniers, de manière qu'il ne réserva que les fonds nécessaires à son retour.

Les deux frères laïques se rendaient sur les places et dans les rues, quêtant pour l'amour de Dieu, et s'adressaient indistinctement aux chrétiens et aux infidèles; ils faisaient l'aumône de ce qui excédait leur nécessité. Les Japonais, nation si pénétrante et sage, appréciaient grandement la vertu de ces religieux.

Mais Foungen, qui feignait d'ignorer leur présence, s'apercevant du concours du peuple et de la grande opinion dont les franciscains étaient l'objet, craignit d'encourir la disgrâce impériale, et obligea le Père Commissaire à revenir dans son premier asile.

Au mois de septembre, le souverain apprit un événement très-heureux pour lui. Il venait de lui naître un fils dans la cité de Méaco. Dans sa joie extrême, il abandonna les préparatifs qu'il avait fait faire pour passer lui-même en Corée; il prescrivit seulement d'envoyer 50,000 hommes à la frontière coréenne, d'y bâtir douze forteresses, et de ménager la paix avec la Chine, et il se rendit en toute hâte à Méaco, où il arriva vers le commencement de l'année 1594.

Sa protection couvrit les franciscains, et le capitaine Carvalho fut désigné pour porter aux Philippines la réponse impériale.

Au mois de septembre 1593, Couambacoudono, neveu de l'empereur, résidant à Méaco, avait fait donner aux Pères jésuites deux cents grandes mesures de riz, d'une valeur de cent taëls ou pièces d'or. Le même seigneur rendit personnellement visite aux franciscains, par ordre de l'empereur.

Plus tard, il offrit un banquet magnifique au père ambassadeur : les religieux et Carvalho y étaient servis par les principaux seigneurs de l'empire.

Le P. Pierre-Baptiste écrivit alors à son provincial

le récit des premiers faits de son ambassade ; lettre admirable de sagesse et de simplicité, et qui nous a servi d'élément principal dans le récit qui précède.

Il y faisait un éloge infini de la nation japonaise, la plus intelligente qui fût au monde, la mieux disposée à admettre l'Evangile, et la plus capable de conserver la foi après l'avoir reçue.

Déjà le bon père concevait la pensée de créer une province de l'ordre Franciscain, dont le centre serait Méaco, et dont les résidences seraient formées dans les villes et les bourgs, dans un rayon de trente lieues de distance : dès cette année même il demanda six religieux à Manille, quatre pour Nangasaki et deux pour Méaco.

Le renvoi des ambassadeurs s'étant trouvé différé durant plusieurs mois, à l'occasion de la guerre de Corée, l'empereur fit écrire au gouverneur des Philippines afin de lui faire prendre patience, l'assurant que les religieux ne demeuraient point en qualité d'otages, mais de leur propre volonté et sur leur demande, en vue d'affermir les bonnes relations. Carvalho partit en mars 1595 avec cette lettre, et avec celle du père, adressée à son provincial, le P. Paul de Jésus.

L'empereur était toujours favorable aux franciscains : il avait pris en très-grande estime leur vie pauvre et mortifiée, leurs oraisons de jour et de nuit, leurs cilices et leurs disciplines : « En vérité, dit-il un jour, il doit exister une autre vie; des gens si prudents et si blancs pourraient-ils se soumettre à de tels travaux et à une vie si austère, et mépriser à ce point toutes les choses du monde, s'ils n'avaient la ferme espérance d'une vie rémunérative ? J'ai défendu aux pères de Nangasaki de prêcher leur loi ; mais ceux-ci, humbles et pauvres, et qui ne prêchent qu'aux pauvres, je ne les crains pas plus que je ne crains les pauvres : ils ne sauraient méconnaître ma puissance. »

La permission verbale donnée par l'empereur devint bientôt notoire, et servit de garantie à l'œuvre franciscaine.

Cependant le P. Pierre-Baptiste se sentait mal à l'aise en la maison d'autrui, et pensait à rappeler sa promesse à l'empereur. Un jour il se trouva sur le chemin du prince qui traversait la ville sur un char traîné par des bœufs à cornes dorées, selon l'antique usage des souverains japonais. Taïcosama fit arrêter le char, et adressa la parole avec bienveillance au père commissaire. Celui-ci prit la confiance d'exposer sa requête, et l'empereur réitéra verbalement sa promesse. Le lendemain le prince donna l'ordre à Ghenifoïn, gouverneur principal de Méaco, de donner aux religieux un terrain pour qu'ils y bâtissent une résidence et une église, et leur fit assigner une rente proportionnée. Ghenifoïn accorda l'emplacement d'une ancienne pagode, et l'empereur octroya la première aumône pour les bâtiments. Le gouverneur et un grand nombre d'autres personnages contribuèrent également.

Les pères ne demandèrent pas de privilége écrit, et ce fut leur malheur, car plus tard ils furent sans défense contre les bonzes, leurs grands ennemis, contre des courtisans perfides, et contre de faux amis, les Portugais de Méaco, jaloux du commerce avec les Espagnols.

La construction de l'église avançait rapidement, grâce aux dons des chrétiens. Madeleine, favorite de l'impératrice, et qui avait si abondamment aidé les pères de la Compagnie, n'avait pas été moins libérale envers les franciscains, et avait offert 500 écus d'or ; un seigneur païen avait donné 200 écus.

L'empereur visita les travaux et fit envoyer une aumône très-considérable en riz.

L'église était achevée pour le jubilé de la Portioncule, 1er août 1594. Elle reçut le nom de Notre-Dame des Anges ; on avait donné le même nom aux premières églises franciscaines de Macao et de Manille.

En août 1594, étaient arrivés trois autres franciscains, le P. Augustin Rodriguez, de Villar de Prades, en la terre de Campos, fils d'habit du couvent de Saragosse, lequel fut commissaire après la mort du P. Pierre-Baptiste ; le F. Jérôme de Jésus, Portugais, de Lisbonne, qui avait pris l'habit à Cordoue, et qui était passé du couvent de cette ville chez les récollets ; il était président du couvent d'Ozaca, peu de temps avant le martyre ; et le F. Marcel de Ribadeneyra.

Le F. Andres de San-Antonio, parti de Manille avec eux, était mort pendant la traversée.

Ces religieux étaient envoyés avec des présents, pour s'enquérir de l'état des affaires et du résultat de l'ambassade, et aussi pour accroître la missio[n] franciscaine.

Le couvent fut ouvert le 4 octobre, fête de Saint François.

On avait fait venir de Manille une grande cloch[e] pour l'église.

On commença dès lors à prêcher publiquemen[t] tous les dimanches et les jours de fêtes.

Il y avait alors à Méaco, ainsi que nous l'avons dit deux pères de la Compagnie de Jésus, les PP. Or[-]gantin et Perez, trois frères japonais, Vincent, Pau[l] et Jean, et quelques serviteurs ; à Ozaca se trouvaien[t] le P. Pedro Morejon et un frère.

Les pères jésuites accomplissaient toujours des œuvres abondantes au milieu même des épreuves, et dans une lettre de 1594, le P. Organtin s'écriait : « Le fardeau des épreuves nous attriste, mais les fruits nous consolent, et la présence de Jésus-Christ nous encourage et nous donne la force de ne point l'abandonner, et de toujours vouloir imiter ses exemples. Pouvons-nous désirer autre chose que de vivre au sein des tribulations avec Jésus-Christ ? » Les parties les plus éloignées de l'empire étaient incessamment visitées par les missionnaires.

Il existait alors au Japon de nombreux ouvriers de la Compagnie de Jésus, trente-neuf pères et quatre-vingt-trois frères, tant indigènes qu'européens, sans parler des catéchistes, des serviteurs et auxiliaires, au nombre d'environ cinq cents.

Le P. Organtin, qui dirigeait la mission de Méaco,

n'avait pas voulu par prudence accepter un lieu plus considérable pour son église. Il avait divisé les chrétiens en congrégations qui venaient, chacune à son tour, entendre la messe en des maisons particulières. Le tour de chacune revenait chaque mois. Ces congrégations tenaient des assemblées pour conférer sur les intérêts spirituels et temporels des malades, et à chaque assemblée on prêchait la parole divine.

Un fils de Ghenifoïn, Kiouchitchi, âgé de seize ans, reçut le baptême et prit le nom de Léon. Le prince de Mino, neveu de l'empereur Nobounanga, demandait le baptême, et n'était différé que par prudence; un grand nombre de personnages appartenant à la première noblesse étaient déjà chrétiens, ou se préparaient à le devenir.

Le P. Perez visita cette année les chrétiens du Mino, du Woari, et du Womi. Des frères parcoururent les villes d'Ozaca, Sacaï et Tacazzouki, ainsi que la région des montagnes.

Taicosama gouvernait en paix ses vastes domaines. Pas un palme de terre n'était indépendant de son autorité : ce qui n'avait jamais existé dans la nation japonaise depuis son origine. Clément à l'égard de ses ennemis, il leur permettait de vivre et leur assignait une rente honorable. Mais il avait appauvri les paysans, auteurs habituels des révoltes, et leur avait retiré leurs armes. Il occupait les soldats à des travaux immenses (trois mille hommes étaient employés à Méaco, et cent mille à Ozaca). Justicier rigoureux contre les rivalités armées, il faisait mettre à mort les deux adversaires ;

aussi les dissensions devinrent infiniment rares ; sans faire acception des personnes, il châtiait indistinctement ses parents, ses capitaines et les bonzes : à ces derniers il avait imposé des lois très-sévères, leur interdisant sous peine de mort les désordres de mœurs, leur prescrivant de prêter chaque mois le serment de vivre en gens de bien ; obligeant les supérieurs à dénoncer les écarts de leurs inférieurs ; et le tout sous peine de mort. Il échangeait souvent les apanages entre les seigneurs, afin de prévenir les ligues et les révoltes. Enfin, dans toutes choses, il accomplissait les œuvres d'un grand politique. Dans les seules affaires de la religion, son sens prodigieux devait s'égarer sous la funeste influence des bonzes, ennemis irréconciliables de la vérité.

Cependant la plupart des églises avaient été ruinées : une seule subsistait, celle de la Miséricorde, à Nangasaki ; maison sacrée, disaient les officiers impériaux, à cause des bonnes œuvres qui s'y opéraient sans cesse.

Et malgré la persécution, dix mille païens reçurent le baptême en 1596.

La congrégation de la Conception de la Sérénissime Reine des anges florissait en beaucoup de lieux ; on voulait ainsi mériter la protection de la Reine des cieux.

De grands actes de charité consolaient encore les missionnaires. Le navire portugais n'ayant point paru en 1595, les subsides avaient manqué. Les seigneurs chrétiens, occupés pour la plupart en

Corée, envoyèrent d'abondants subsides ; mais ce qui fut le plus admirable est que les seigneurs païens rivalisèrent de zèle avec les chrétiens, et le Couambacoudono fit délivrer des quantités considérables de riz.

Nangasaki, grâce au commerce des Portugais, s'était accru considérablement, et le concours des exilés multiplia encore la population.

La fête de Noël 1594 y fut célébrée avec une ferveur capable de faire honte aux chrétiens d'Europe. Sept messes se célébrèrent à la fois en différents lieux, et les lieutenants du gouverneur donnèrent licence pour huit jours. Or, deux quartiers par jour allaient assister à la messe, et beaucoup de chrétiens, par un pieux artifice, allaient passer la nuit les uns chez les autres.

Des chrétiens firent les quarante heures, alternativement, durant cent soixante-dix jours, de jour et de nuit : les hommes, à la maison de la Miséricorde, et les femmes chez un personnage principal de la cité.

En 1595, le gouverneur même de Nangasaki, Terazava, reçut le baptême.

Le P. Pierre-Baptiste et le P. Jérôme de Jésus, qui étaient venus de Méaco à Nangasaki, fondèrent au dehors de la ville un hôpital de lépreux, et y demeurèrent jusqu'après le carême. Alors le gouverneur, prenant en considération la faveur que leur avait accordée Taicosama, leur fit donner une maison en ville. Ils y séjournèrent une année, donnant de grands exemples de charité dans leur hôpital, assistant les lépreux dans leur infirmité, leur lavant les pieds et baisant leurs ulcères.

Le Père commissaire propageait avec ardeur la doctrine évangélique; il publia un livre de la confrérie du Cordon, et institua pour les femmes le scapulaire de Sainte-Claire.

En même temps, il prescrivait au supérieur de son ordre, à Méaco, de fonder un hôpital en cette ville.

Les œuvres de la Compagnie continuaient aussi d'être considérables. Le séminaire d'Arima fut seulement transféré à Ariye. Le collége d'Amacousa renfermait encore soixante membres de la Compagnie.

Des missions s'accomplirent en Corée, en Sachouma, en Boungo, en Chicoungo.

La chrétienté dirigée par les Pères à Méaco, bien que cette métropole fût la résidence du souverain, se conserva et s'accrut. Les trois pères et les cinq frères étaient continuellement en courses. Le Père Organtin avait seul obtenu la faveur de résider, mais sans église, et sans pouvoir prêcher.

En 1595 reçurent le baptême Sambourodono, petit-fils et légitime héritier de Nobounanga; le second fils de Ghenifoïn, l'un des plus puissants seigneurs de l'empire, et d'autres personnages, appartenant aux familles les plus illustres.

Il était impossible qu'au train dont allaient les choses, ce grand mouvement ne devînt public; mais quoi qu'il arrivât, on ne pouvait refuser l'entrée, à ceux qui, mus de l'Esprit-Saint, éprouvaient l'heureuse vocation d'entrer dans la bergerie de la sainte Église.

Taïcosama n'ignorait rien, lui qui disait à l'un de ses officiers, lequel était chrétien, en lui commandant une action évidemment juste : « Je le veux, et la loi chrétienne vous y oblige » ; et qui disait à d'autres serviteurs : « Vous parlez ainsi, parce que j'ai exilé les Pères, mais la cause n'en était point, comme vous l'avez dit, que ces pères me parussent méchants, et leur loi mauvaise ; je vous déclare que ces pères sont des gens de bien, et que leur doctrine est sage ; mais j'ai agi de la sorte parce que c'étaient des étrangers, qu'ils prêchaient une loi contraire aux Camis et aux Fotokes, et qu'ils anéantissaient nos sectes et les rites anciens de l'empire, et aussi par ce motif qu'un grand nombre de seigneurs professaient cette loi au mépris et à la honte de nos divinités nationales. »

Le P. commissaire avait ordonné de créer un hôpital à Méaco ; ce furent le frère Gonzalo Garcia et Léon, premier chrétien baptisé par les franciscains et qui devait être martyr, qui accomplirent cette œuvre. L'hôpital, dédié à sainte Anne, reçut cinquante pauvres. Léon et sa femme en furent les infirmiers. Une chapelle y fut établie, et on y put conserver le saint Sacrement. On donnait aux fidèles des cordons de Saint-François et des grains bénits.

Ainsi l'Église semblait affermie sur la pierre vive, malgré les rigueurs passées et les dispositions peu favorables du prince. Mais une sage réserve et le

2.

soin de se faire petit pouvaient seuls rétablir entièrement les choses.

Dans l'année 1596 on comptait encore huit mille baptêmes. Des missions furent accomplies par les pères jésuites à Nangoya, au Boungo, en Bougem, au Fingo, et dans le Sachouma.

Le collége d'Amacousa renfermait quarante-cinq sujets. Cette année même avaient été reçus quinze novices, cinq Européens et dix indigènes. Le séminaire d'Ariye comptait cent vingt élèves, dont quatre-vingt-treize étudiants. Les colléges d'Arima, d'Omoura et de Nangasaki se maintenaient avec de grands fruits.

Tous les seigneurs chrétiens, de la Corée où ils faisaient la guerre, veillaient à la bonne administration de leurs domaines, et assistaient généreusement les pères par leurs aumônes.

Les exilés vivaient à Nangasaki, à l'ombre du navire de Chine, et la population s'accroissait rapidement, surtout en chrétiens.

Quoique la persécution y durât depuis dix ans, que es églises ne fussent pas librement ouvertes, et que l'on fût privé de la faculté de prêcher publiquement les dimanches et les jours de fêtes, néanmoins les sacrements et l'assistance à la sainte messe fortifiaient les chrétiens.

Dans cette même année furent envoyés à Nangasaki trois cents Coréens prisonniers, hommes, femmes et enfants, devenus chrétiens, et qui furent les prémices de la nation coréenne.

A la fin de 1596 il existait au Japon cent trente-quatre membres de la Compagnie de Jésus : quarante-six prêtres et quatre-vingt-huit frères.

Le souverain fermait encore les yeux sur les conversions qui s'opéraient dans son palais même. Jaloux d'entretenir le commerce avec les Portugais, et se flattant toujours de voir les Espagnols lui rendre leur hommage, il ne voulait ni révoquer ses anciens ordres, ni les faire exécuter. A un seigneur chrétien qui voulut sonder ses pensées, il répondit : « Pourquoi parler de ces choses : l'affaire du salut ne dépend-elle pas de la volonté de chaque homme ? »

Les deux fils et le petit-fils de Ghenifoïn, ancien gouverneur de Méaco, et en dernier lieu surintendant de la maison du Daïri et de tous les temples et monastères de la capitale, étaient devenus chrétiens. Sacondono, l'aîné des fils, commandait à Cameyama, principale forteresse du Tamba ; Léon son frère, et Michel son cousin, imitaient ses généreux exemples.

Deux petits-fils de Nobounanga, fils de Jonochedono, son fils aîné, massacré le même jour que lui, vivaient à la cour de Taicosama. L'aîné Saburondono possédait la plus grande partie du Mino, et était le chef de la famille. Son jeune frère, Wochirandono, âgé seulement de quatorze ans, obtint de lui la permission de se faire chrétien, et reçut le baptême sous le nom de Paul.

Chourindono, jeune homme de vingt-trois ans, fils de Kiongocoudono, prince de Womi, qui était mort chrétien, se fit baptiser et reçut le nom de Jean ; son domaine était d'un revenu de 260,000 sacs de riz, dans le Chinano. Sa mère était chrétienne.

Mangochiro, petit-fils de Sacumandono, ancien capitaine général de l'armée de Nobunanga, et le principal de sa province en puissance et en richesse, vint entendre la doctrine en compagnie d'un docteur renommé, ancien supérieur d'un monastère fameux. Tous deux se convertirent.

Un grand nombre de nobles, tant à Méaco qu'à Ozaca, s'empressaient de venir entendre la doctrine et se faisaient chrétiens. La plupart de ces seigneurs avaient été les élèves des plus fameux bonzes de Mourasachi, métropole de la secte des Jenchous, qui professent qu'après la vie, il n'y a que le néant.

Il s'opérait d'autres conversions considérables qui n'ont point été racontées dans les annales, par raison de prudence.

Des Icochous, sectateurs d'Amida, des Fotquechous, dévots à Chaca; bien plus, un proche parent du grand bonze d'Ozaca, suivirent la même voie et entrèrent dans l'Église.

Parmi les dames, il eut aussi des conversions illustres. Jean Naitodono, fils du prince de Tamba, baptisé depuis douze ans, avait une sœur païenne. Cette dame était l'intime amie de Quitano-Mandocoro, épouse principale de Taicosama. Etant encore infidèle, elle menait à Méaco la vie érémitique, dans une pagode parfaitement ordonnée, où elle habitait avec toutes ses femmes : et son existence était très-différente de celle des bicounis, ou bonzesses.

Son désir de salut était extrême, et elle en fut récompensée.

Grâce, princesse de Tango, baptisée depuis douze ans, vivait saintement ; n'ayant pu se confesser depuis son baptême, elle découvrit ses péchés à sa servante, et l'envoya vers le Père pour les lui confesser.

Les missionnaires étaient obligés de se montrer prudents et de respecter les édits de Taicosama : on ne prêchait que la nuit et en secret ; aussi on y employait souvent la nuit tout entière.

Cependant Taicosama poursuivait ses succès guerriers, et continuait à grandir. En même temps sa science du gouvernement modérait toutes choses et faisait régner dans tout l'empire une paix extraordinaire.

Tout le Japon concourait aux œuvres de la cité nouvelle de Fuchimo qui s'élevait à deux lieues de Méaco : les uns venaient travailler aux édifices, les autres étaient attirés par le commerce, d'autres, tels que les seigneurs et les soldats, subissaient l'obligation de résider à la cour.

Méaco devenait comme inhabité, malgré le séjour du Daïri, et malgré les cinq cents temples de la contrée. Mais Fuchimo s'étendait chaque jour et allait bientôt se confondre avec Méaco.

Cependant les Frères Gonzalo et Ribadeneira édifièrent un couvent de leur ordre à Ozaca, sous le nom de Bethléem. Léon y coopéra.

Le père Commissaire revint à Ozaca pour visiter cette maison.

Vers le mois d'avril 1596 arrivèrent les pères franciscains Martin de l'Ascension et Francisco Blanco.

Martin de Aguirre ou de l'Ascension (ou encore Loinaz) était de Vergara en Guipuzcoa (Biscaye); il était fils d'habit de la province de Saint-Joseph. Six ans après sa profession, il avait obtenu les Philippines : envoyé d'abord à Mexico, il y avait enseigné les arts; à Manille, il était devenu lecteur en théologie; au Japon, il fut fait président d'Ozaca.

Francisco Blanco était né dans le comté de Monterey, de l'évêché d'Orense, en Galice; il était fils d'habit du couvent observantin de San-Francisco de Villalpanda (province de Saint-Jacques) : il était passé de là au couvent récollet de Saint-Antoine de Salamanque; malade, il fut guéri miraculeusement par le frère Jean Navarrete, de qui la sépulture était en ce couvent; il obtint à grand' peine d'être envoyé aux Philippines, et remplaça un religieux désigné pour aller au Japon avec le frère Martin, et qui était absent.

Le frère Martin alla à Ozaca, et le père Blanco à Méaco.

Le père commissaire fit ériger un autre hospice dédié à saint Joseph, pour les lépreux et les infirmes.

Ces œuvres produisirent de grands fruits de conversion.

Vers 1596, on publia un livre de la confrérie du Cordon : les femmes recevaient le scapulaire de Sainte-

Claire. On donnait encore aux fidèles des *Agnus Dei* et des images.

Augustin Tsoucamicadono avait depuis deux ans fait les plus grands efforts afin que l'empereur de Chine envoyât une ambassade vers Taicosama. Les Chinois comprirent enfin qu'ils n'obtiendraient qu'à ce prix l'évacuation des places maritimes, et Joukeki, vieux mandarin, homme sage et d'expérience, fit décider son maître. L'expédient imaginé fut d'inviter Taicosama à déposer le Daïri ; l'empereur de Chine devait, en considération des soixante-six États soumis par ce prince, lui conférer le titre de roi ; à ce prix, l'armée japonaise devait quitter la Corée.

Deux personnages éminents furent choisis pour ambassadeurs, et se rendirent d'abord auprès d'Augustin. Celui-ci passa au Japon avec Joukeki, et le laissant à Nangoya, vint à Méaco pour avertir Taïcosama.

Taicosama donna l'ordre de préparer de grandes fêtes pour la réception des ambassadeurs, et commanda de faire une revue de toute la cavalerie japonaise : toute la noblesse devait y paraître, avec plus de cent mille hommes.

Pendant les préparatifs immenses qui se faisaient à Méaco, à Ozaca et ailleurs, Taicosama envoya son fils Firoi, âgé de trois ans, de Fuchimi à Méaco pour faire la première visite au Daïri, et en recevoir la dignité de Couambacoudono, devenue vacante par la mort de son neveu, survenue l'année précédente.

Le 3 juin, l'enfant fit son entrée à Méaco. Taïcosama vint solennellement à sa rencontre.

Après trois jours, l'enfant alla faire *chendaï* au Daïri, c'est-à-dire se prosterner trois fois en sa présence ; à cette cérémonie, la pompe fut plus grande encore que dans la venue de Fouchimo à Méaco. Il y eut un magnifique banquet dans le palais du Daïri.

Le deuxième et le troisième jour, il y eut des comédies, et ensuite le prince retourna à Fouchimi.

A l'occasion de cette fête il y eut de grandes mutations de noms, degrés et honneurs parmi les personnages de la cour.

Jamais on n'avait vu de paix si universelle. Les corsaires même et les brigands avaient disparu.

Les seigneurs étaient sous la puissance et dans la main du souverain, qui les transférait à son gré d'une province à une autre, et qui ne négligeait aucune occasion de les amoindrir : ainsi pour la réception de l'ambassade chinoise, il leur fut imposé d'immenses sacrifices qui les appauvrirent considérablement. Mais telle était la politique de Taïcosama, et nul n'avait le pouvoir de lui résister.

A cet absolu domaine, Taïcosama voulut ajouter la dignité religieuse, qui donnait au Daïri l'apparence d'une idole. Mais sa mort, survenue deux années plus tard, ne lui permit point d'accomplir ce dernier dessein.

Cependant, au milieu de tous ses succès, Dieu lui envoya des signes, qui remplirent le Japon de trouble et d'épouvante, et qui humilièrent par intervalles l'esprit si superbe de l'empereur.

Dans le cours de l'année 1595 et jusqu'en 1596, une maladie très-grave, affectant les vertèbres et l'épine dorsale, avait mis Taicosama dans un état comme désespéré. Rétabli pour un temps, mais frappé à mort, il languit corporellement jusqu'à la fin, n'ayant de vie, pour ainsi dire, que par l'énergie prodigieuse de son caractère.

Des fléaux extraordinaires éclatèrent bientôt, et se succédèrent sans interruption.

Le 22 juillet, une pluie de cendres inonda Méaco et Fouchimi pendant tout un jour; une pluie pareille de sable roussâtre s'abattit sur Ozaca.

Le 15 août, une comète considérable parut à l'occident; son passage dura douze à quinze jours, et beaucoup de gens y virent un sinistre présage.

Vers la même époque de violents tremblements de terre eurent lieu dans tout le Japon. Le 30 août, à huit heures du soir, on ressentit une effroyable secousse; une seconde eut lieu le 4 septembre, à minuit.

Les magnifiques édifices, monuments de l'orgueil de Taicosama, tombèrent en ruines, et l'admirable salle des Mille colonnes, récemment élevée à Ozaca pour la réception des ambassadeurs chinois, fut renversée de fond en comble. Les portes de la citadelle de Méaco furent jetées à terre, et la grande tour du palais, haute de sept étages, fut ébranlée dans ses fondements et lézardée de toutes parts, à ce point qu'il devint nécessaire de la démolir.

Quinze jours plus tard une inondation terrible envahit des districts entiers, et le lac de Womi sortant de son lit dévasta toute la contrée aux environs de Fouchimi.

Pendant le dernier tremblement de terre, l'empereur était, avec son épouse, dans une salle immense au centre du palais : pour la première fois son âme, jusque-là si intrépide, connut la terreur; il se réfugia dans les cuisines, et demanda un peu d'eau à boire. Ses principaux courtisans le rejoignirent, et essayèrent de l'encourager. Il demeura debout au milieu d'eux durant toute la nuit. Le lendemain au lever du jour, il se rendit sur la montagne qui domine Fouchimi, et ordonna d'y aplanir un très-vaste espace afin de bâtir une autre forteresse, et il s'écria que le *Tento*, ou Dieu, avait eu raison de s'indigner contre ses ouvrages, qui défiaient pour ainsi dire le ciel, et jura qu'à l'avenir il en construirait de plus humbles. Pendant plusieurs mois après cet événement, il dormit toutes les nuits sous un abri de bambous et demeura dès lors rempli de trouble et de mélancolie. Tous les temples du faubourg de Méaco, bâtis sept cents ans auparavant par le bonze de Coya, furent anéantis en un jour. L'immense idole du principal temple tomba de sa base et se brisa en mille pièces. L'empereur, en fuyant, passa devant cette idole, et la voyant à terre, il demanda pourquoi le Fotoke la gardait si mal : et saisissant son arc et ses flèches, il lui décocha un trait. Dans un autre temple qui contenait douze cents idoles, six cents furent mises en pièces. Quant aux maisons de la cité qui s'écroulèrent dans le désastre, le nombre en fut infini. Une demi-heure à peine avait opéré cette ruine immense. Des milliers de victimes sucombèrent dans tout le Japon. Les malheureux païens, qui n'étaient point animés de la grâce divine, et qui n'éprouvaient point le sentiment intérieur de la charité vis-à-vis du prochain, sentiment qui confirme ceux qu'il fait agir, mouraient misérablement, au milieu des larmes et des regrets sans consolation. Presque partout les chrétiens se virent épargnés.

Cependant bientôt Taicosama, fasciné par l'orgueil, s'exaspéra davantage. Agité violemment entre la terreur et la rage, il était assiégé par les bonzes, et ceux-ci rejetaient sur les chrétiens tous les maux de l'empire. Mais les cœurs des princes sont dans la main de Dieu, et Taicosama, judicieux par nature, répondit encore : « Vous parlez sans sagesse : si les tremblements de terre étaient chose nouvelle, vos paroles auraient quelque vraisemblance ; mais on sait par les annales que de tels accidents ont eu lieu dans tous les temps et dans tous les pays, et vos accusations ont pour cause une haine jalouse. »

L'ambassade chinoise n'ayant point satisfait le prince, il s'aigrit davantage, et reprit le dessein d'envahir la Chine.

Il survint, sur ces entrefaites, un événement désastreux pour la religion ; ce fut le naufrage du galion *Saint-Philippe* [1].

D. Fr. Tello de Guzman, gouverneur des Philippines, envoyait ce navire à la Nouvelle-Espagne, sous le commandement de D. Mathias Landecho. C'était un galion de 600 tonneaux, ayant un chargement très-précieux, et d'une valeur de 600,000 écus d'or, en soieries et autres marchandises.

Il se trouvait sept religieux à bord : quatre augustins, les PP. Jean Tamayo et Diego de Guevara, l'un prieur et l'autre supérieur de Manille, envoyés au chapitre général, et deux autres, le Fr. Mathieu de Mendoça et le Fr. Jean de Guevara, destinés pour la Nouvelle-Espagne, — un dominicain, le Fr. Martin de Léon, chapelain du navire, — et deux franciscains, un choriste, le Fr. Philippe de las Casas ou de Jésus, et un frère lai, le Fr. Jean le Pauvre, déjà venu au Japon.

Le frère Philippe de las Casas, qui devait être martyr, était né à Mexico, de parents espagnols riches et considérés. Il avait essayé le joug de la religion à St-François de la Puebla de los Angeles, mais n'avait pas persévéré dans ce premier noviciat. Ses parents l'avaient envoyé à Manille, où il avait dépensé dans le luxe une somme considérable. Il se convertit alors

---

[1] L'évêque Martins envoya au roi d'Espagne la relation de ce naufrage et des événements qui suivirent. Ce document nous a servi de guide ; nous le reproduirons dans notre histoire.

sérieusement, et prit l'habit religieux à Saint-François de cette ville. Après trois ans de profession, comme il n'y avait pas d'évêque à Manille, ce religieux se rendait à Mexico pour être ordonné prêtre.

Jean le Pauvre était de Zamora, et avait servi comme soldat en Flandre. Il y prit plus tard l'habit de frère lai, et passa en Espagne, dans la province de Saint-Gabriel, puis aux Philippines dans celle de Saint-Joseph, d'où, ainsi qu'on l'a dit, on l'envoya au Japon.

Le vaisseau, parti de Manille le 12 juillet, fut assailli, le 18 septembre, par un ouragan terrible qui dura vingt-quatre heures. Une autre tempête s'éleva le 25, et dura trente-six heures; enfin le 3 octobre il s'en déclara une autre, qui se prolongea cinq jours. Etant désemparé, *le Saint-Philippe* erra pendant onze jours au milieu des îles dépendant du Japon, et surgit enfin le 18 novembre, en vue du port d'Ourado, au royaume de Tosa. Les barques du pays vinrent au-devant, à neuf lieues en mer, assurant que le port était favorable, et annoncèrent le meilleur accueil; le prince de Chosengami fit aussi promettre sa protection aux Espagnols. Mais bientôt, par trahison, on fit échouer le navire, et l'on transporta tout le chargement à terre.

Les naufragés expédièrent de suite à Méaco Christoval de Mercado, *alferes* ou porte-étendard du navire, D. Antonio Malaver, et les deux franciscains, avec un présent de la valeur de 8 ou 10,000 piastres. Ces députés furent adressés par le P. Pierre-Baptiste à Yemonojo, l'un des quatre régents ou gouverneurs principaux de la capitale. La première réponse que transmit ce seigneur fut défavorable. Le présent était refusé, et Taicosama, qui avait perdu par la ruine de son palais environ 700,000 écus d'or, entrevit un dédommagement dans cette riche épave, évaluée par ses conseillers à plus d'un million ; Faranda Kiyémon, devenu son familier, lui suggéra de s'emparer du navire en vertu des anciens usages. Mais pour dissimuler la violation de la garantie octroyée aux Espagnols en vue du commerce, l'empereur prétexta que les gens de Luçon ne l'avaient pas reconnu comme empereur, ajoutant que les Espagnols étaient une race conquérante et malintentionnée, à laquelle les religieux servaient d'espions, rendant chrétiens les naturels du pays pour se les associer plus tard dans la conquête. Les Espagnols n'étaient point, disait-il encore, de simples marchands comme les Portugais de Macao, et d'ailleurs le navire étant chargé d'armes, lui souverain avait résolu de confisquer la cargaison entière, et faisait assez de grâce en laissant la vie à l'équipage.

Yemonojo fut donc envoyé pour s'emparer du navire au nom de son maître.

Les Espagnols eurent alors recours aux pères franciscains, afin qu'ils intervinssent auprès de Ghenifoïn : mais ces démarches n'eurent aucun effet, et irritèrent davantage le prince ; ce fut le dernier coup qui détermina la catastrophe.

L'évêque Martins avait bien offert les services

du P. Jean Rodriguez, interprète de l'empereur; mais il était trop tard. Yemonojo se rendit au navire, s'empara de toutes les marchandises, de l'or monnayé, de l'artillerie et des armes, captura même quarante esclaves qui se trouvaient à bord, et conduisit le tout à Ozaca. Il fit son rapport sur les objets de guerre qu'il avait saisis, et dénonça la venue de plusieurs religieux avec les Espagnols.

Le commandant Landecho se rendit lui-même à Ozaca et n'obtint rien autre chose que la faculté pour lui-même de retourner à Luçon : il partit alors pour Nangasaki.

Déjà les franciscains étaient menacés pour d'autres motifs. Ces religieux, qui avaient une église publique et un couvent régulier dans Méaco, sous la présidence du P. Pierre Baptiste, leur commissaire, se croyaient forts de la licence impériale et trouvaient le P. Organtin trop réservé dans son ministère. Ils célébraient donc leurs offices et prêchaient publiquement et avec appareil. Ils avaient une cloche dans leur église, et une estrade au-devant de l'autel majeur. Or, les Japonais infidèles, observateurs scrupuleux des usages, enduraient mal toutes ces nouveautés, et surtout le fait d'une estrade, dont le privilége appartenait au seul souverain. Les pères de la Compagnie, ainsi que les deux seigneurs favorables aux franciscains, conseillaient plus de prudence. Mais les zélés religieux, animés par l'exemple des franciscains leurs frères, mis à mort récemment chez le miramolin ou sultan de Maroc, auraient voulu courir au-devant du martyre, sans considérer les suites malheureuses qui pouvaient en résulter pour la religion.

Pendant ce temps, Jacouin, le bonze médecin, qui avait été l'instigateur de la persécution première, dix années auparavant, et qui nourrissait l'espoir de faire rétablir l es bonzeries de Frenoyama, fatiguait l'empereur de ses accusations contre les missionnaires. Il insistait sur ce point que, dans la contrée de Méaco, les pères de la Compagnie s'étaient attachés principalement à la conversion des grands et des nobles, et allaient bientôt convertir la masse du peuple. Le dévoûment des seigneurs chrétiens envers les missionnaires et leur autorité sur leurs vassaux rendaient la conquête étrangère pour ainsi dire infaillible. Ces discours, l'événement du navire, et les autres circonstances précédemment déduites, produisirent une impression funeste sur l'esprit du prince, et il n'eut besoin pour agir avec violence et verser le sang innocent, que du souvenir d'avoir, dans les années précédentes, interdit aux missionnaires de prêcher l'Évangile.

Ce fut le 8 décembre qu'éclata la tempête. Taicosama s'irrita contre Fachegawa, de ce qu'il avait favorisé les premiers franciscains. Oufioyé voulut disculper son père : « Tous ces hommes mourront, » reprit Taicosama. Le prince de Chicougen, intercédant pour les pères : « A votre prière, lui dit l'empereur, j'en ferai mettre à mort cinq ou dix seulement ; et les autres, après avoir eu le nez et les oreilles coupés, et avoir été promenés honteusement sur des chariots, seront renvoyés dans leur pays. »

Oufioyé reçut l'ordre d'exécuter l'arrêt.

Alors se trouvaient à Méaco quatre religieux franciscains, le P. Pierre-Baptiste, commissaire, le P. Philippe de Jésus, et les frères Gonçalo Garcia et Jean le Pauvre.

A Ozaca résidait le P. Martin de l'Ascension.

Il y avait aussi à Méaco plusieurs religieux de la Compagnie de Jésus, les PP. Organtin, Jean Rodriguez, Pedro Morejon et François Pérez, avec quelques frères, au nombre desquels étaient Jean de Goto et Jacques Kisaï.

A Ozaca était le Fr. Paul Miki.

Les trois frères de la Compagnie, ci-dessus nommés, devaient être martyrs.

Jean Soan, ou de Goto, était né dans l'île de Goto, et en avait reçu le surnom. Elevé dans la foi dès son enfance, il exerça longtemps avec un grand succès l'emploi de catéchiste; il prêchait également, et remplissait d'autres ministères de la maison, vivant comme s'il était un des membres de la Compagnie. Il avait été le catéchiste du P. Morejon.

Jacques Kisaï ou Kisayemon, naturel de Bigen, s'était retiré dans la maison de la Compagnie, afin de se donner tout entier à Dieu. Il occupa longtemps l'office de portier. Il était d'une dévotion profonde à la passion de Jésus-Christ et d'une humilité très-parfaite; son zèle s'exhalait en paroles pleines d'éloquence, et il enflammait tous ceux qui l'entendaient.

3.

Paul Miki était né de parents nobles, à Tsounocouni, cité du royaume d'Awa. Il fut baptisé à l'âge de quatre ou cinq ans, et devint à dix ou douze l'un des premiers élèves du séminaire d'Anzoukiama, fondé sous les auspices du pape Grégoire XIII. Se sentant appelé à pratiquer la vie parfaite, il sollicita son admission dans la Compagnie, et y fut reçu à l'âge de vingt-deux ans. Ses talents naturels le firent choisir par le P. Organtin pour enseigner la doctrine comme catéchiste et comme prédicateur, dans la ville même de Méaco. Il excellait à dissiper les nuages des sectes, et à faire pénétrer la vérité divine au sein des intelligences tout à fait obscures. Son zèle était infatigable, et quelques jours avant son martyre, il avait accompagné un condamné à mort et l'avait converti sur le chemin du supplice. Le frère Paul exerça quinze ans son ministère, avec un succès égal vis-à-vis des grands et du peuple.

L'évêque Martins venait d'accomplir la visite pastorale à Méaco et avait administré à un grand nombre de chrétiens le sacrement de confirmation, les fortifiant ainsi, par une permission providentielle, avant la persécution et les supplices. Le vénérable prélat venait de quitter Ozaca le 7 décembre, pour se rendre à Nangasaki.

Dès le 8 décembre, Gibounocho, gouverneur de Méaco inférieur, fit mettre des gardes à la maison des franciscains.

Le P. Organtin, qui avait suivi l'évêque à Ozaca, reçut dans cette ville des informations positives sur la décision de l'empereur. Les chrétiens lui conseillaient de se cacher; Organtin leur répondit : « Que les autres fassent ce qu'ils voudront, je sais ce qui convient à ma vieillesse ; voici plus de vingt années que je travaille au milieu de cette Église, et je ne puis la délaisser. Que Dieu me préserve de faillir à mon devoir au point de vue de l'honneur divin, et à mes obligations envers la Compagnie de Jésus. Demain, avec la grâce de Dieu, j'irai à Méaco pour y être crucifié, ou au moins pour avoir le nez et les oreilles coupés. Que l'on fasse de nous, en notre qualité de prédicateurs de l'Évangile, tout ce que l'on voudra ! »

Le P. Rodriguez voulait partager le sort du P. Organtin, et quelques zélés chrétiens avaient résolu de les accompagner jusqu'à la fin, réalisant la parole des saints livres : « *Eamus et nos, et moriamur cum illo.* Allons nous-mêmes, et mourons avec lui ! »

Le P. Organtin fit appeler les PP. Morejon et Perez et leur fit part de son dessein. En même temps il fit avertir à Méaco les deux frères de cette résidence, Jean Soan ou de Goto et Jacques Kisaï, qui reçurent la nouvelle avec une joie sainte. Eux-mêmes prirent soin d'informer Oucondono et d'autres seigneurs, qui accoururent à la maison afin d'être aussi martyrs.

Le P. Organtin partit en effet le lendemain 9 pour Méaco, avec le P. Rodriguez et plusieurs chrétiens.

Il arriva le même jour à trois milles de cette ville. On y vint à sa rencontre et on l'assura que Taïcosama voulait spécialement sévir contre les franciscains; il voulait aller en avant malgré les chrétiens, et disait qu'il ne devait point imiter le mercenaire, et abandonner son troupeau. Cependant on obtint de lui qu'il attendrait quelque éclaircissement.

Presque en même temps Oufioyé survint à Méaco : il était chargé d'inscrire les noms des chrétiens, disciples des franciscains. Il nota les noms d'un grand nombre de chrétiens qui fréquentaient tous l'église des franciscains, et mit au premier rang Justo Oucondono. Bientôt, voyant que Gibounocho avait mis des gardes à la maison des Franciscains, il lui conseilla d'en mettre de même à celle des pères jésuites, disant que ceux-là ne baptisaient pas un moins grand nombre d'infidèles que les pères des Philippines : il voulait atténuer ainsi le crime des franciscains, ou, s'ils étaient punis, associer les jésuites à la peine. Gibounocho s'indigna de ces inscriptions faites sans le consulter, et répondit qu'il y aurait ainsi beaucoup trop de victimes: « Il y a tant de chrétiens, ajouta-t-il! Et qui sait si vous ne l'êtes pas, et si moi-même je ne le suis pas? » Il vit surtout avec déplaisir le nom d'Oucondono, et voulut se réserver la suite de l'affaire.

Le 10 décembre, Gibounocho pensa sérieusement à accomplir le décret, et ne crut pas pouvoir se dispenser d'envoyer mettre des gardes à la maison de la compagnie à Ozaca, plutôt pour la forme que par voie de rigueur.

Cinq membres de la Compagnie habitaient cette résidence : mais l'un était dans la maison voisine, discourant du martyre avec quelques chrétiens : et il perdit ainsi l'occasion du martyre; trois étaient occupés au dehors par diverses affaires; Paul enfin, qui fut averti et qui voulait s'offrir de lui-même, consulta le P. Organtin, qui lui enjoignit de prendre patience.

Quand les gens de justice approchaient de la maison, un chrétien nommé André Ongasawara vint à leur rencontre, et leur dit que ce logis était sien, et qu'il donnait l'hospitalité au P. Rodriguez, interprète de l'empereur, et à l'évêque lorsqu'il passait à Ozaca ; mais qu'à cette heure il s'y trouvait seulement trois personnes : le frère Paul Miki, un servant de messe et un domestique pour les offices inférieurs. Il omit de citer les deux pères, malgré les instructions données par eux en termes très-expressifs, qui nous ont été conservés : « Que le P. Organtin les avait laissés pour être martyrs. »

On inscrivit donc seulement le frère Paul Miki et ses deux compagnons, sans faire mention des deux pères ; et l'on chargea les voisins de veiller sur les prisonniers.

Paul Miki prononça alors ces belles paroles : « J'ai 33 ans, âge auquel Jésus-Christ Notre-Seigneur a souffert pour moi ; et c'est aujourd'hui le jour de Jésus (fête de la Circoncision), de ce Jésus à la Compagnie duquel j'appartiens, malgré mon indignité : aujourd'hui est jeudi, et l'on dit que vendredi nous serons mis à mort ; je me réjouis de devoir imiter, en si peu que ce soit, mon Seigneur Jésus-Christ, qui a tant souffert pour moi. »

Le soir Sachendono vint avec des chevaux, et emmena les deux pères à Sacaï, éloigné d'Ozaca de neuf milles, en leur promettant que si les PP. Organtin et Rodriguez étaient mis à mort pour l'Évangile, on les livrerait eux-mêmes.

Les seigneurs de Méaco voulaient délivrer Miki, Taicosama n'ayant point ordonné de le prendre, ni de le mettre à mort. Le P. Organtin ne le voulut pas, de peur que la Compagnie ne parût perdre cette couronne par la faveur de puissants amis.

Le P. Jérôme de Jésus, franciscain, qui venait d'arriver, reçut du Père commissaire l'ordre de se cacher, et le frère Jean le Pauvre demeura de même inconnu.

Un religieux augustin se trouvait aussi dans une maison privée, ainsi que le capitaine Landecho et quelques Espagnols : tous témoignèrent plus tard dans le procès apostolique.

Taicosama, qui résidait à Fouchimi, avait avec lui Gibounocho et Yemonojo, gouverneurs des cités supérieure et inférieure de Méaco, Fachegawa et son fils Oufioyé. Il s'exprima de nouveau avec colère au sujet des franciscains, et s'indigna de leur audace de prêcher publiquement. Les gouverneurs voulant rejeter la faute sur Fachegawa, accusèrent les franciscains, et disculpèrent les religieux de la Compagnie.

Le 11, Taicosama donna l'ordre péremptoire de

mettre à mort tous les franciscains, et Gibounocho fut chargé de l'exécution.

C'est alors que le P. Organtin écrivit au P. Gomez, vice provincial de la Compagnie, une admirable lettre que nous devons rapporter ici.

« Cette lettre que nous écrivons à Votre Révérence doit être un sujet de consolation infinie pour elle-même, pour Mgr l'évêque, et pour tous nos confrères. Hier soir vint de Fouchimo une lettre adressée à Maria de Chiwan par un de ses neveux : il y était dit que ce jour-là même l'empereur avait donné l'ordre à Gibounocho de mettre à mort tous les religieux. Notre Paul d'Amacousa est accouru, rayonnant d'allégresse, nous apporter ce message, et, en entrant dans notre demeure, il s'est écrié : Cet heureux jour est arrivé enfin, ô mes pères et mes frères bien-aimés ! ce jour si désiré où nous verserons notre sang pour ce bon Seigneur, qui le premier a donné tout son sang pour notre amour. A cette nouvelle, nous avons, avec une joie très-vive, commencé à mettre ordre aux affaires de notre âme, et nos préparatifs extérieurs ont consisté à extraire des corbeilles nos habits religieux, nos manteaux, nos surplis et nos étoles, afin de paraître à cette heure solennelle avec tous nos insignes, comme il convient à des fils légitimes de la Compagnie, à de vrais serviteurs de Dieu, et à des prédicateurs de la loi divine. Et les consolations spirituelles dont le Seigneur nous a favorisés, étaient si abondantes, que mes paroles seraient impuissantes à les exprimer. Reconnaissons ici l'effet de la grâce, dont nous sommes redevables à vos oraisons continuelles, et à vos saints sacrifices, que notre Père général et Votre Révérence ont prescrit d'offrir à la Majesté divine, dans ces temps d'épreuve, en faveur de notre province. Et notre bonheur s'est accru davantage quand nous avons vu tous nos bons chrétiens, les grands comme les petits, ardents à nous suivre, et à donner leur vie, pour Jésus qui nous a rachetés au prix de son sang. Nous étions seulement incertains, d'après les avis de quelques personnes, craignant que Dieu ne nous eut jugé indignes de la grâce du martyre. Le plus admirable de tous fut le vaillant chevalier de Jésus-Christ Justo Oucondono; il y eut encore d'autres âmes héroïques : tels étaient les fils de Ghenifoïn (l'un des quatre gouverneurs de la capitale) ; le plus jeune des deux, nommé Constantin, ne nous a pas quittés pendant un seul instant. Un grand nombre de chrétiens, desquels plusieurs sont de la noblesse, nous envoient continuellement des lettres et des messages, se déclarant disposés à nous prêter secours, comme à leurs pères et à leurs maîtres, au moment décisif. Nous attribuons en grande partie cette ferveur si rare en des chrétiens récents au sacrement de confirmation, qu'ils ont reçu dans ces derniers jours, quand Mgr l'évêque est venu dans la contrée. Je ne dois point ici passer sous silence la demande que m'ont adressée Jacques et Jean, nos servants de messe, de vouloir bien les admettre dans la Compagnie, puisqu'ils sont résolus à ne point m'abandonner en ce péril suprême. Je leur ai répondu que s'il arrivait qu'ils fussent mis à mort, leur condition serait infiniment heureuse ; et dans le cas contraire, que j'aviserais à traiter avec Vos Révérences au sujet de leur demande [1]. »

Le 12 on avertit les pères franciscains de la sentence définitive : ils firent éclater une joie toute céleste, et se préparèrent à leur sacrifice.

Le P. Pierre-Baptiste écrivit au père Fr. Augustin Rodriguez, à Nangasaki, une lettre touchante. (Nous nous estimons heureux de recueillir ces lettres écrites par les confesseurs avant le martyre ; ce

[1] XXVI *Posti in Croce*, p. 43.

sont en effet des reliques très-saintes, et, si l'on peut le dire, marquées du sceau divin.)

« J'ai éprouvé la plus vive consolation de la lettre de Votre Charité, mon bien-aimé frère, en apprenant que vous êtes en santé, et que Dieu Notre-Seigneur vous donne la force nécessaire afin d'encourager les chrétiens, et de souffrir vous-même pour son amour : il daigne aussi nous accorder la même grâce. Bénie soit sa divine Majesté, de ce que nous sommes remplis d'allégresse et de consolation dans le Seigneur, quoique au dedans et au dehors de notre demeure nous soyons environnés de gardes : nous estimons comme une grâce immense de souffrir pour son amour. Notre frère Cosme nous a dit que la sentence était déjà rendue contre nos chrétiens, que leurs noms étaient mis par écrit, et que le lendemain, selon toute apparence, on devait nous mettre tous à mort : toute la nuit, sans prendre aucun sommeil, nous nous sommes disposés à mourir. Nous avons confessé tous les chrétiens aussi bien que nous l'avons pu, et j'ai dit la messe une heure avant le jour, croyant que ce jour serait le dernier. J'ai donné la communion à tous nos frères et à cinquante chrétiens qui s'étaient confessés ; un grand nombre d'autres chrétiens entendaient la messe en versant d'abondantes larmes de dévotion et aussi d'allégresse, à cause de la grâce que Dieu nous semblait promettre. Le frère Gonçalo leur adressa un discours pour les exhorter à souffrir pour Jésus-Christ, et ils lui répondirent qu'ils voudraient posséder cent vies afin de les donner toutes pour ce bon Seigneur, qui avait donné la sienne sur la croix pour leur propre salut ; qu'ils étaient des pécheurs, et qu'en donnant leur vie, ils feraient infiniment peu pour la satisfaction des péchés sans nombre commis par eux envers ce Seigneur. Après la messe, il survint un grand nombre de Japonais et de ministres de la justice ; ces gens parcoururent et visitèrent toute la maison, les salles et la sacristie ; alors on nous apprit qu'ils avaient apporté des menottes et des chaînes pour nous emmener enchaînés et les mains liées. Peu de temps après vint un lieutenant de Gibounocho, gouverneur de Méaco, accompagné d'un grand nombre de satellites. Qui pourrait exprimer la joie et la satisfaction qui éclatèrent parmi nous tous, et les actions de grâces que nous rendions à Dieu ; car il nous paraissait que l'heure était venue, où il allait nous faire participer à son royaume, et où l'on allait nous ôter la vie sur le moment même ! On saisit seulement nos prédicateurs japonais, Léon, Paul, Bonaventure, Thomas et Gabriel, et on les emmena prisonniers. Ceux-ci prêchèrent aux gentils, durant le chemin, avec un courage admirable, et ils m'écrivirent de leur cachot que sans aucun doute ils seraient mis à mort à titre de chrétiens, mais qu'ils étaient remplis de joie et de consolation, et qu'ils éprouvaient par avance un ardent désir d'aller au ciel, afin d'y goûter la félicité pour laquelle ils se savaient créés : ils nous priaient de demander à Dieu en leur faveur la constance dans le bon propos de souffrir pour son amour. Je leur ai répondu que ce même Seigneur, pour lequel ils voulaient souffrir, les assisterait dans leur combat. Mais pour nous-mêmes qui demeurions ici, notre joie se changea en tristesse, quand nous vîmes le juge s'éloigner sans nous emmener, et nous fûmes convaincus que nos péchés nous avaient rendus indignes du martyre. Nous n'avons pas néanmoins perdu toute espérance d'obtenir de Dieu l'accomplissement de nos désirs, car nous sommes toujours prisonniers et environnés des gardes ; on ne laisse pas pénétrer les chrétiens dans notre église, à cause de l'affluence considérable des soldats et des autres infidèles ; enfin nous ne pouvons envoyer de lettres au dehors. Que Votre Charité nous recommande à Dieu : nous faisons de même à son égard. Qu'elle ait bon courage, et ait confiance en la Majesté divine, car il semble que nous commençons à accomplir l'office des apôtres, et au milieu des angoisses et des épreuves, Dieu nous envoie ses consolations célestes et nous communique le zèle et la force nécessaires pour endurer les supplices et les humiliations pour son divin amour. Béni soit Dieu, le Père de Notre-Seigneur Jésus-Christ, qui nous a consolés dans toutes nos épreuves, *Benedictus Deus et Pater Domini nostri Jesu-Christi, qui consolavit nos in omni tribulatione nostra.* » (II Cor., 1, 3.) Nous sommes dans l'allégresse, « parce que nous avons été jugés dignes d'endurer l'opprobre pour le nom de Jésus, *Quoniam digni habiti sumus pro nomine Jesu contumeliam pati :* » et parce que Dieu nous a fait cette grâce de souffrir avec joie pour son amour. Que le Seigneur nous accorde son divin esprit! Adieu donc, mon très-cher frère, je n'ai pas d'espace pour écrire davantage. De cette prison de Méaco, etc [1]. »

Le P. Francisco Blanco écrivit à un ami la lettre suivante :

« Tous les jours nous sommes en attendant la mort pour l'amour de Jésus-Christ; et ainsi nous nous sentons merveilleusement consolés : notre joie n'est pas moindre en voyant les chrétiens pleins de courage, et gémissant uniquement du retard des bourreaux. Ce qui nous remplit encore d'une vive admiration, c'est que des chrétiens accourent en grand nombre de Fouchimo et des régions montagneuses les plus éloignées, et nous déclarent que si les chrétiens prisonniers sont mis à mort, eux-mêmes, également chrétiens, veulent aussi mourir pour l'amour de Dieu. Nous ne pouvons malheureusement leur adresser la parole. Mais j'ai honte de moi-même, en pensant que des personnes si nouvelles dans la foi n'éprouvent aucune frayeur en présence de la mort, qu'ils auront à souffrir pour l'amour de Jésus-Christ [2]. »

Gibounocho voulant sauver les pères, tenta un nouvel effort, Taïcosama lui répondit : « Ne sais-tu pas que

---

[1] Santa Maria, *Relatione del martirio*, etc., p. 85.
[2] P. Froes, XXVI *Posti in Croce*, p. 83.

la nation du navire confisqué par nous a conquis le Mexique et les Philippines. D'ailleurs, il y a dix ans que j'ai défendu de prêcher leur loi. Pourquoi, tandis que la Compagnie accomplit mes ordres, des prédicateurs étrangers viennent-ils de nouveau dans mes États?... » Et il ajouta : « Je ne veux point que l'on inquiète notre interprète : envoyez une barque, afin de le rassurer, ainsi que le vieux (c'était Organtin), qui réside à Méaco. Je fais grâce également aux pères de Nangasaki, à l'évêque et à ceux qui me sont venus visiter en sa compagnie. »

Plusieurs motifs humains contribuèrent sans doute à ces restrictions insolites de la part de l'empereur, si absolu d'ordinaire et si violent : c'étaient en premier lieu la prudence observée par la Compagnie; c'était l'ambassade promise du vice-roi des Indes, et enfin le commerce avec les Portugais, auquel Taïcosama ne voulait point renoncer.

La sentence impériale était ainsi conçue [1].

« Après que l'empereur, dans les années écoulées, eut prohibé la loi qu'enseignaient les pères, d'autres pères, en la qualité d'envoyés de Luçon, sont venus habiter dans la capitale, et enseigner la même loi. Pour cette cause ils sont condamnés, avec les Japonais qu'ils ont convertis à leur loi, tous ensemble au nombre de vingt-quatre : et, vous les crucifierez à Nangasaki. Et attendu que pour l'avenir, Sa Majesté prohibe de

---

[1] Traduit, pour le procès apostolique, sur la sentence originale conservée au couvent de Manille.

nouveau cette loi de la manière la plus rigoureuse, sachez qu'il ordonne d'observer son décret très-absolument. Et s'il arrive que quelqu'un contrevienne audit décret, le contrevenant, avec toute sa race, sera puni de mort. Donné le 20e jour de la 11e lune de la 1re année de l'ère *Eviocho*. «

On dressa de nouveau le rôle des chrétiens fauteurs des franciscains. On en inscrivit cent soixante. Gibounocho en fit effacer un grand nombre, et réduisit la liste à quarante-sept : ce nombre parut trop grand encore, et on choisit seulement douze individus.

Le P. commissaire écrivit alors une nouvelle lettre à ses confrères de Nangasaki.

« Gloire soit rendue à la Majesté divine ! nous avons célébré la sainte *Nativité du Fils de Dieu* avec une joie spirituelle infinie; nous avons chanté les vêpres, les matines et la messe du coq, et nous avons eu l'encens : un grand nombre de chrétiens ont assisté à l'office, mais on leur a seulement permis de se tenir dans le préau de l'église, où nos pauvres fidèles ont éprouvé les rigueurs d'un froid très-intense. On a aussi chanté la messe de l'aurore, sur leurs vives instances, nous avons dressé sur un autel un petit arc de triomphe, et nous avons chanté des noëls à notre mode. Le frère frère Jérôme peut se rendre à Nangasaki, car tel est le désir du capitaine du navire. Le frère frère Jean le Pauvre retournera à Manille pour y rendre compte de l'état des choses. Pour le moment présent, il suffit de nous qui sommes ici, jusqu'à la conclusion de nos affaires. Si j'apprenais que l'on dût nous martyriser tous, je ferais demeurer ces frères, mais je ne crois pas que nous soyons tous destinés au martyre. Si l'on met à mort nos chrétiens prisonniers chez le gouverneur, et qu'on nous rende la liberté à nous-mêmes, nous irons les exhorter et les encourager, et ce nous sera peut-être une occasion pour être repris ; que si l'on ne nous met pas à mort; j'ai ouï dire que nous devons être bannis de la contrée. Que le Seigneur ordonne ce qui doit servir à sa plus grande gloire : je ne lui adresse aucune autre prière. On ne permet pas aux pauvres de sortir de l'hôpital : j'ignore s'ils auront les aliments nécessaires, pour peu que leur réclusion se prolonge. Nous leur faisons part de ce qui nous est donné à nous-mêmes; et mon seul regret est de n'avoir point une provision de riz assez abondante pour la leur distribuer, quoique, grâces à Dieu, les chrétiens nous assistent de leurs aumônes selon leur pouvoir. Cette lettre est commune à tous ceux à qui je ne puis écrire individuellement. Recommandez-nous tous à Dieu, ainsi que nous-mêmes le faisons à votre égard [1]. »

L'affaire fut suspendue encore jusqu'au 31 décembre, et les régents auraient obtenu le renvoi pur et simple des franciscains, sans les artifices de Jacouin qui excitait la colère de Taicosama, et qui fit accomplir le sacrifice.

Gibounocho donna ordre à son lieutenant de constituer prisonniers, dans sa propre maison, les cinq franciscains et les douze chrétiens, pour y attendre la venue des condamnés d'Ozaca.

A l'heure où les gardes pénétrèrent dans l'église pour saisir les confesseurs, ceux-ci étaient au chœur, récitant l'office des vêpres. Ils rendirent grâces à Dieu et se félicitèrent mutuellement.

Les satellites les lièrent cruellement à la vue des

---

[1] Santa-Maria, p. 86, col. 2.

chrétiens, qui se désolaient et poussaient de grands cris.

Eux chantèrent le *Te Deum*, pendant qu'on les attachait et qu'on les emmenait.

On avait déposé dans la prison publique, à Ozaca, le P. Martin de l'Ascension et ses trois compagnons, ainsi que Jean de Goto et Jacques Kisaï, qui appartenaient à la Compagnie. Jean fit de touchants adieux à son père, en lui recommandant d'observer la foi.

Le 31 décembre, Taicosama vint à Ozaca, et donna l'ordre de conduire à Méaco les franciscains et leurs compagnons. Ces confesseurs y arrivèrent le 1er janvier.

Le P. Organtin sollicita Gibounocho de délivrer au moins les trois de la Compagnie. Gibounocho n'y consentit point, alléguant que le mal était sans remède. Paul Miki rendit grâce à Dieu.

Paul prêcha dans la prison avec une onction touchante, discourant avec amour de la passion de Notre-Seigneur et de l'excellence du martyre. Sa parole eut assez d'efficacité pour émouvoir le cœur de deux de ses gardes, qui promirent de se faire chrétiens.

Le 3, au matin, les vingt-quatre confesseurs eurent les mains attachées derrière le dos, et furent menés à pied vers une rue de Méaco supérieur, où on leur coupa à chacun une partie de l'oreille gauche. L'ordre était de couper le nez et les deux oreilles. Mais Gibounocho paraissait espérer encore les faire renvoyer libres.

Un chrétien nommé Victor, secrétaire du gouverneur d'Ozaca, recueillit tous ces débris et les porta au P. Organtin qui les prit dans ses mains et les vénéra.

Après cette exécution, on fit monter les prisonniers sur des chariots, pour les promener honteusement selon l'usage ancien du Japon : trois occupaient chacun des chariots. Les religieux franciscains se trouvaient en tête, Paul Miki et les deux autres frères étaient les derniers de tous. On leur fit parcourir d'abord la ville de Méaco. La sentence, arborée sur une lance, était portée en tête du cortége.

Le P. Baptiste prêchait tantôt en espagnol et tantôt en japonais, en s'aidant par le geste ; le frère Martin et le frère François étaient humbles et recueillis, comme s'ils étaient devant le tribunal de Dieu, se recommandant à la divine miséricorde avec une dévotion touchante.

Les trois enfants dont le plus âgé avait quinze ans, et le plus jeune douze, avaient une apparence angélique, et chantaient le *Pater* et d'autres prières.

Les gentils semaient de sable le chemin des confesseurs, comme on faisait d'ordinaire à l'entrée des seigneurs ; d'autres insultaient.

Des chrétiens demandèrent à monter sur les chars et à mourir avec les condamnés ; ils ne l'obtinrent pas.

De retour à la prison, Paul Miki se jeta humblement aux pieds des PP. franciscains et les remercia de la grâce qu'ils lui procuraient. Les gentils, soldats et conducteurs de chars, étaient dans l'admiration.

Le lendemain matin on fit monter sur des bêtes de

somme le noble escadron des martyrs, et on les conduisit successivement à Fouchimi, à Ozaca et à Sacaï.

Les chrétiens d'Ozaca firent paraître un merveilleux zèle. — Victor, secrétaire du gouverneur de la ville, voulait mourir lui-même, avec toute sa famille : il avait accompagné jusqu'à Méaco le frère Paul Miki, et n'avait cessé de l'assister dans sa prison. Les autres chrétiens n'étaient pas moins généreux dans leurs sentiments et dans leurs actes. Les pères de la Compagnie durent employer à leur égard une charitable contrainte, afin d'éviter de plus grands désastres.

Le père commissaire écrivit d'Ozaca la lettre suivante au P. Jérôme de Jésus :

« Mon frère frère Jérôme, nous sommes condamnés à la mort de la croix pour avoir prêché le saint Évangile : on nous a coupé une partie de l'oreille, et l'on doit, assure-t-on, nous couper également le nez. Je vous prie, pour la consolation des chrétiens, et afin que l'ordre de notre Père saint François ne périsse pas au Japon, de demeurer présentement caché, et je vous confère toute mon autorité, et celle de notre frère provincial.

« Recommandez-nous à Dieu, dont nous espérons recevoir une faveur insigne, en souffrant pour son amour. Que Votre Charité reçoive les saluts de tous nos frères, et des Japonais qui se trouvent avec nous en assez grand nombre, et de qui les sentiments nous sont un sujet de glorifier Dieu. »

Dans une seconde lettre, le père commissaire, intimant l'ordre de demeurer caché, disait au frère Jé-

4

rôme : « Que Dieu accepterait de lui la volonté seule
« de mourir pour son amour. »

« Enfin, à la sortie de la prison, le frère Jérôme
ayant fait demander au vénérable Père la permission
de l'accompagner en son triomphe et de mourir avec
lui, le père commissaire écrivit une troisième lettre,
contenant ces simples paroles : « Mon frère Fr. Jé-
« rôme, je vous prie et je vous commande pour la
« seconde fois, de demeurer caché au Japon, car
« tel me paraît être le devoir selon Dieu. De la pri-
« son d'Ozaca, le 5 janvier [1]. »

Le jeune Thomas écrivit à sa mère :

« Avec la grâce du Seigneur, j'ai désiré vous écrire. Il est
dit dans la sentence que nous devons être crucifiés à Nangasaki, conjointement avec les pères, et nous sommes en tout
vingt-quatre personnes. N'ayez aucune peine à mon sujet, ni
à celui de Michel mon père, parce que nous irons vous attendre dans le paradis. Et si, à l'heure de votre mort, vous
n'avez point à votre portée de père spirituel pour vous confesser à lui, excitez en vous un profond repentir de vos fautes
et une dévotion très-sincère. Considérez en même temps les
bienfaits infinis que vous avez reçus de Jésus-Christ Notre-
Seigneur ; et comme les choses du monde s'évanouissent rapidement, lors même que vous seriez réduite à la misère et
à la mendicité, veillez avant tout à ne point perdre la gloire
du paradis, et souffrez avec une patience et une charité très-
parfaites tout ce que les hommes pourront proférer contre
vous : considérez qu'il est très-essentiel que Mancie et Phi-

[1] Pour les trois lettres, Ribaden, *Hist. de la prov.* de
S.-Grég., p. 576.

lippe, mes frères, ne soient point mis entre les mains des gentils. Je les recommande à Dieu, et je vous demande également de nous recommander tous à la Majesté divine. Je vous renouvelle encore la prière de songer à ce qui est absolument nécessaire, à vous pénétrer sans cesse d'un profond repentir de vos fautes, car Adam (ainsi que me l'ont enseigné les pères), n'a dû son salut qu'à la contrition de ses péchés : ainsi serez-vous justifiée des vôtres, en l'absence d'un père à qui les confesser. Que Dieu soit avec vous [1] ! »

Pendant ce temps, à Méaco, Justo Oucondono se disposait à la mort, et allait prendre congé de Chicougendono dont il était le pensionnaire. Chicougendono le rassura, et lui fit connaître que la colère du prince n'avait pour objet que les religieux venus de Manille.

Les fils de Ghenifoïn ne témoignèrent pas moins de zèle : l'aîné, Paul Sacandono, âgé de vingt ans, était investi déjà, par ordre de Taicosama, des domaines patrimoniaux de son père, — et de plus il était seigneur de la forteresse de Cameïama dans le Tamba. Il vint à Fuchimi pour se trouver plus près du lieu du martyre, croyant que le supplice aurait lieu dans cette ville, et prépara des lettres pour ses parents, les conjurant de ne lui faire aucunes obsèques, si ce n'est de se convertir eux-mêmes et de se faire chrétiens, — et il fit dire au P. Organtin : « Jusqu'à cette heure j'ai été chrétien seulement de nom, je veux l'être de fait. » — Constantin son frère et Michel son cousin se montrèrent dignes de lui : tous les

---

[1] Ribad., p. 677.

trois vinrent de Fouchimi à Méaco, et choisirent pour leur résidence une pauvre maison auprès de celle des pères, espérant eux-mêmes le martyre et s'y disposant.

Grâce, reine de Tango, prépara avec ses demoiselles des habits décents, afin de s'en revêtir pour mourir en croix.

L'ordre vint de mener les prisonniers par la voie de terre jusqu'à Nangasaki; Fazambouro devait les recevoir à Nangoya pour les conduire au terme du voyage. — La voie de terre avait été choisie pour inspirer la terreur aux populations chrétiennes. Or, de Méaco à Nangasaki, l'on comptait six cent milles. On partit de Sacaï, le 9 février.

Pendant toute la route les confesseurs étaient liés avec des cordes, qui se rattachaient au col ou à la ceinture. Les souffrances qu'ils éprouvèrent se peuvent concevoir, en raison de leur pauvreté, de leurs vêtements en haillons au cœur de l'hiver, des mauvais chemins, de la neige et des glaces.

Toutefois les gentils auxquels on les consignait dans les villages, se montraient pleins d'humanité, les uns par compassion de leur innocence, les autres par la crainte que, si quelques-uns mouraient, on ne les en rendît responsables.

On prêtait aux confesseurs des habits et même des litières; mais souvent, afin de mériter davantage, ils voulurent aller à pied. Vingt-quatre seulement étaient dans la sentence; mais deux hommes charitables qui, pendant le chemin, s'approchèrent des martyrs et leur offrirent des rafraîchissements, furent saisis par les gardes, et se professant chrétiens, liés avec les confesseurs et crucifiés avec eux,—c'étaient un chrétien de Méaco appelé Pierre, chargé par le P. Organtin d'accompagner les trois frères de la Compagnie, et de procurer quelque argent à ces frères et à leurs compagnons ; et un charpentier nommé François, qui par affection pour les PP. Franciscains, les avait constamment suivis. — Tous deux apprécièrent dignement le privilége de leur élection.

Pendant toute la route, dans les prisons où ils passèrent, et jusqu'au gibet, les saints prisonniers prêchèrent constamment la foi. Paul s'exprimait en japonais. Les franciscains employaient le ministère de leur interprète, afin d'encourager les autres confesseurs. Les bonzes en étaient eux-mêmes dans l'admiration, et disaient : « Avec de tels exemples la loi des chrétiens fera des progrès immenses. »

Durant le voyage, le père commissaire écrivit une nouvelle lettre au P. Jérôme de Jésus :

« Que la grâce et la paix de Jésus-Christ, etc. Malgré la douleur très-grande que doit causer à Votre Charité son présent isolement et l'absence de ses frères, moi-même et les autres frères, nous sommes grandement édifiés de l'admirable zèle qui vous fait désirer mourir en notre compagnie. Mais, s'il est vrai que la perfection ne consiste pas à servir Dieu, selon qu'il nous paraît le plus agréable, mais en effet, selon les desseins de la Majesté divine, et, ainsi que l'a dit très-excellemment saint Denis : *Divinissimum omnium est*

4.

Dei cooperatorem fieri, ce qu'il y a de plus divin est de devenir le coopérateur de Dieu, » en accomplissant tout ce qui nous est possible pour le salut des âmes que Jésus-Christ a rachetées de son sang, — il convient à cette heure, pour le service de Dieu et pour le bien des âmes, qu'il demeure quelques-uns de nos frères, afin de consoler les chrétiens, lesquels vont se trouver dans les plus grands périls. Il était nécessaire que nous-mêmes fissions tête à la persécution en donnant l'exemple, pour la consolation et l'encouragement des fidèles ; mais il est également nécessaire que les enfants ne soient point absolument privés de la présence d'un Père spirituel. Si nous n'avions été ainsi saisis à l'improviste, vous auriez reçu l'ordre, pour un ou plusieurs frères, de demeurer cachés ; mais nous n'avons pas été libres de prendre ces dispositions : cependant Notre-Seigneur a permis que Votre Charité ne fût pas comprise dans l'inscription judiciaire, afin qu'elle pût subvenir aux besoins de ce êm oupeau. raison, je n'ai pu répondre plus tôt Par la em - à l'expression de votre zèle, mais je suis convaincu que l'occasion ne vous manquera pas pour l'exercer dignement. Vous saurez dès à présent que dans la sentence qui nous a été notifiée à Ozaca, il est dit que les chrétiens existant déjà doivent tous mourir, et que tous ceux qui le deviendront à l'avenir seront eux-mêmes, avec toute leur descendance et leur parenté, punis de mort. C'est pourquoi Votre Charité doit être convaincue qu'à tout le moins les chrétiens convertis par nous dans Méaco seront mis à mort, et telle est la renommée commune. Le souverain s'est mis en grande fureur contre les chrétiens, et ici à Méaco, la plupart d'entre eux sont inscrits sur des registres. Votre Charité doit veiller avec sollicitude, car cette sentence sera sans aucun doute exécutée bientôt, le souverain l'ayant prononcée en même temps que celle qui nous condamne à être crucifiés à Nangasaki. Votre Charité voudra bien s'occuper à Méaco d'exhorter et d'encourager les chrétiens, quand ils se trouveront au milieu du péril, et de faire l'office d'un bon pasteur : le bon pasteur donne en effet sa vie pour ses brebis, tandis que le mercenaire fuit : vous savez le reste. Et pour accomplir cette œuvre, il faudra recourir à toutes les industries qui seront en votre pouvoir, car il est essentiel de travailler au salut des âmes, qui ont été rachetées par le sang de Jésus Notre-Seigneur, et d'accomplir tout ce que ce Seigneur vous inspirera de faire pour l'acquit de ce devoir. Et si, par circonstance, vous vous montriez en habit religieux, vous pourriez être appréhendé et mis en prison, sans pouvoir exercer votre ministère ; si donc vous jugez convenable de changer d'habit, et de ne point conserver la tonsure, vous en aurez la faculté, avec la bénédiction divine ; de même si vous voyez que la sentence royale s'accomplisse intégralement et s'exécute envers les chrétiens, que Votre Charité vole à leur secours pour les encourager, car il convient que le père précède les fils qu'il a engendrés dans le sang de Jésus-Christ notre Rédempteur, et qu'il leur montre l'exemple, ainsi que l'a fait Notre-Seigneur Jésus-Christ, lequel mourut en premier lieu pour la gloire de Dieu son père, en nous laissant son exemple à suivre. Vous l'imiterez donc avec la bénédiction de Dieu Notre-Seigneur, et de notre père saint François, et avec la mienne : faites voir alors au grand jour l'habit de notre sainte religion, après l'avoir jusqu'alors tenu dissimulé par des raisons de prudence, afin de travailler avec un plus grand succès pour le bien des âmes ; car à l'heure de la mort, il n'est permis pour aucune cause de demeurer caché, et l'évidence même du caractère religieux encourage grandement les fidèles, justifie la cause divine, et est un sujet d'honneur pour notre sainte religion. Dans cette intention, Votre Charité devra se recommander très-sincèrement à Dieu, et se disposer à tout événement ; que si même il convient de se découvrir dès à présent, elle le fasse en se conformant à l'inspiration divine. Présentement on nous conduit à Nangasaki par la voie de terre, au milieu d'épreuves douloureuses causées par le froid et les mauvais chemins ; mais, malgré toutes ces souffrances, nous cheminons pleins de consolation et de joie, afin d'aller mourir pour Jésus-Christ. Jésus sera notre protection, *usque ad conspec-*

tum ejus, jusqu'à l'heure où nous paraîtrons en sa présence. La lettre ci-jointe, qui est sans signature, m'a été adressée par le P. Morejon. Votre Charité voudra bien la lire et l'envoyer à Luçon. »

(Lettre du P. Pedro Morejon, de la Compagnie de Jésus, au P. Pierre-Baptiste et à ses compagnons.)

« J. M. La paix de Jésus-Christ !

« Mes bien-aimés pères et mes frères très-affectionnés, que l'Esprit-Saint accompagne les âmes de Vos Révérences ! Ce divin Esprit sait la pieuse envie que m'ont inspirée Vos Révérences, et aussi ces chrétiens, heureux vainqueurs du monde et d'eux-mêmes. Quel désir j'ai éprouvé et j'éprouve encore de partager votre sort ! mais ce privilége ne m'est pas accordé, et je n'ai point mérité devant Dieu cette grâce éminente. J'espère avec larmes voir peut-être plus tard se lever pour moi l'heureux jour, non point du martyre : ma pensée n'oserait s'élever à ce but glorieux, et je m'en sens absolument indigne ; mais de l'achèvement de ma triste existence, et de la dissolution de mon misérable corps, qui se consume dans la douleur à la pensée des maux de notre Église ; cependant cette Église inaugure si magnifiquement sa carrière et a donné tant d'illustres exemples que j'ai lieu d'espérer que mon jour et ma part me seront réservés. Enfin, mes pères et mes frères bienaimés, je vous conjure instamment dans le Seigneur, pour lequel vous souffrez, de daigner me pardonner tout les déplaisirs et la mauvaise édification que j'ai pu vous causer. Et quand, par la grâce divine, vous paraîtrez en présence de Dieu, daignez vous souvenir de ceux qui demeurent dans la vallée de larmes ; et en particulier de moi-même qui, plus que tout autre, en ressens le besoin. Quels embrassements je prodiguerais à Vos Révérences s'il m'était permis d'aller jusqu'à elles ! En quittant ce monde, obtenez-moi du

Seigneur que ma mort soit ma vie, en celui de qui la mort a été la perfection de son Église ; tel est à cette heure mon unique désir. Adieu, vénéré père commissaire, frère Pierre-Baptiste ; adieu, mon père frère Martin ; adieu, mon père frère Francisco Blanco ; adieu, frère frère Philippe ; adieu, frère frère Gonçalo ; adieu, frère frère Francisco. Heureuse mort qui est si fort au-dessus de mes fragiles et vains mérites ! Je salue Léon, Cosme, Paul, Thomas, François et leurs compagnons. Il n'est point nécessaire d'inviter Vos Révérences à vouloir bien enseigner à ces chrétiens qu'ils doivent recevoir la mort en toute humilité, car il est arrivé souvent à des Japonais de mourir par orgueil et fausse gloire humaine. Adieu encore, mes bien-aimés pères, jusqu'à la vision en Dieu, etc. »

Le Père Commissaire écrivit encore au provincial de Manille.

« Mes bien-aimés frères, j'ai laissé caché à Ozaca le frère frère Jérôme, pour la consolation des chrétiens ; s'il était connu, il ne resterait pas deux jours sans être pris ; le frère frère Jean le Pauvre demeure avec les Espagnols en attendant les dispositions de Taicosama à leur égard. Le commandant du navire voulait réclamer l'étendard royal, l'artillerie et les armes ; mais je crois que rien ne lui sera rendu : Dieu veuille que les vies soient sauves ! Le frère Philippe était avec nous à Méaco quand on nous a conduits à la prison publique, et quoiqu'il ait réclamé devant les juges, comme il était de ceux qui sont venus sur le navire, on ne lui a point fait grâce. On porte ostensiblement la sentence : elle est inscrite sur un tableau que l'on élève en avant de nous. Il y est dit que pour avoir prêché la loi des chrétiens contre le décret de Taicosama, nous devons être crucifiés à Nangasaki. Nous en sommes infiniment heureux et consolés dans le Seigneur, car c'est pour avoir prêché sa loi que nous perdons la vie. Nous sommes six religieux compris dans la sentence, et dix-huit japonais, les uns comme prédicateurs et les autres comme simples chrétiens. De la Compagnie de Jésus il se trouve un frère, un catéchiste, et un serviteur. On nous a tous fait sortir de la prison, et l'on a coupé à chacun de nous un morceau de l'oreille; on nous a mis ensuite sur des chariots, et l'on nous a promenés honteusement dans les rues de Méaco, au milieu d'une grande multitude de peuple et de soldats. On nous a ensuite réintégrés dans la prison, et le lendemain on nous a conduits les mains liées derrière le dos, à cheval, jusqu'à Ozaca. On nous a fait parcourir à cheval toute la cité. On nous a de là fait aller à Sacaï, et l'on a renouvelé la même scène, en nous faisant précéder d'un crieur public. Dans chacune de ces villes nous entendions dire qu'on allait bientôt nous mettre à mort. Mais à notre retour à Ozaca, nous avons appris que l'on nous ferait mourir à Nangasaki. Que Vos Charités, pour l'amour de Notre-Seigneur, nous recommandent très-ardemment à Dieu, afin qu'il ait pour agréable le sacrifice de toutes nos vies. J'aurais désiré sans doute qu'un religieux pût rester avec le frère frère Jérôme pour sa consolation et celle des chrétiens. Dans la lettre que Taicosama a envoyée à Terazawa, il est, dit-on, recommandé, si quelques religieux viennent encore de Luçon, de les mettre à mort sur-le-champ. Si donc ils ne viennent pas sous l'habit japonais, ils ne pourront résider ici. Si le Seigneur inspire à nos religieux de demeurer tous à Manille, ou si quelqu'un veut pénétrer au Japon, vous jugerez selon Dieu lequel est préférable. On sait que des religieux sont à bord du vaisseau portugais (Dieu bénisse les Portugais de leur charité à leur égard)! Le frère de Terazawa nous a promis le temps nécessaire afin de pouvoir communier, ce qui est à mes yeux d'un prix infini... Pour l'amour de Dieu, nous vous demandons à tous de prier pour nous avec une ardeur extrême, car je crois à n'en pas douter que nous serons crucifiés vendredi prochain. C'est également un vendredi qu'on nous a coupé l'oreille, et nous estimons une grâce immense de la part de Dieu tout ce qui nous est fait.

Que nos bien-aimés frères nous assistent donc de leurs prières, afin que notre mort soit agréable à la Majesté divine ; et dans le ciel où nous espérons entrer sur l'heure même, nous leur serons reconnaissants, et ne les oublierons pas, ainsi que dès à présent je vous conserve en mes entrailles. Je vous laisse en la paix et l'amour de Notre-Seigneur Jésus-Christ : demeurez avec Dieu, mes frères bien-aimés. Je ne puis écrire plus longtemps. De ce chemin, etc. [1] »

Il écrivit enfin aux trois religieux prisonniers sur le navire.

« Que Jésus soit toujours avec vous ! Mon très-cher frère, combien je voudrais pouvoir adresser de longs adieux à Votre Charité et à tous nos confrères, car ce seront les derniers adieux ! Mais, puisque le Seigneur a daigné nous faire cette grâce, que Votre Charité et ses confrères reçoivent en quelques paroles l'expression de mes sentiments de tendresse et d'union. On doit déjà connaître à Manille la sentence portée contre nous tous, et je ne veux vous écrire ici que pour demander à Vos charités de nous recommander au Seigneur avec la ferveur la plus vive pour l'instant de notre passage. Je le sais, vous devez envier notre sort, car c'est la mort soufferte pour Jésus-Christ; mais, si l'occasion vous en est donnée, et si Dieu vous appelle, la porte vous demeure ouverte. J'avais espéré dans l'origine que nous serions associés tous dans ce bienheureux voyage ; mais ici s'est vérifiée la parole divine, exprimée par Isaïe : Mes pensées ne sont point vos pensées [2]. Si Dieu conduit Vos Charités à Manille, qu'elles saluent en mon nom tous les confrères dans le Seigneur, et particulièrement le Père frère Paul de Jésus, que je remercie de toute mon âme pour m'avoir en-

---

[1] Santa Maria, p. 115.
[2] Isaïe. LV. 8.

voyé ici, le vénérable frère Vincent Calero, le frère frère Augustin de Tordesillas, le frère Oliveira, le frère Vermeo, le frère Pierre Mathias, le frère Jérôme, le frère Jean Clément et son compagnon, et mon fils le frère François, ainsi que tous les autres, dont je n'ai point le loisir d'exprimer les noms. Je demande humblement à tous qu'ils veuillent bien me recommander à Dieu, et dans le ciel, où j'ai l'espérance d'aller avec la grâce divine, je leur en serai reconnaissant. Demeurez en Dieu, mes très-chers frères, et que Vos Charités reçoivent les saluts destinés à tous. De ce chemin, etc.[1] »

Le 31 janvier, les confesseurs arrivèrent à Facata, où ils reçurent l'accueil le plus hospitalier de la part des gentils.

Paul, qui avait prêché une partie du jour, continua son discours bien avant dans la nuit.

Fazambouro expédia un courrier vers le lieutenant gouverneur de Nangasaki, avec l'ordre de faire disposer cinquante croix.

A cette nouvelle une douloureuse agitation s'éleva parmi les Portugais et les Japonais chrétiens de la ville : on se demandait les motifs de cet accroissement dans le nombre.

Les prisonniers quittèrent Facata le 1er février et arrivèrent le même jour à Carazou, à trois lieues de Nangoya, où Fazambouro les attendait avec ses soldats. Il y avait encore trente lieues à parcourir jusqu'à Nangasaki.

Fazambouro salua le frère Paul, qu'il aimait parti-

---

[1] Ribad., p. 522.

culièrement, et lui exprima ses condoléances. Paul le remercia gracieusement de sa civilité. Le gouverneur, admirant la sainte joie de tous les prisonniers, en demanda la cause au P. commissaire, qui la lui fit connaître. Fazambouro comprit bien les paroles du père : car il avait souvent entendu la doctrine, et avait même exprimé le désir de recevoir le baptême ; mais son cœur était captivé par l'ambition humaine et par la faveur du prince ; la divine semence avait séché sur lui, et le bienfait d'un avis suprême devait être également stérile.

Le P. commissaire et le Fr. Paul Miki demandèrent deux grâces à Fazambouro : la faculté de se confesser et de communier, en faisant appeler un père de la Compagnie, pour célébrer la sainte messe, et administrer les divins sacrements ; et, en second lieu, la remise du supplice à un vendredi. Fazambouro promit tout : mais il manqua à sa parole, ainsi qu'on le verra.

Le P. commissaire écrivit, dans le sens des promesses, au P. recteur de la Compagnie, et lui demanda humblement pardon de toute offense, de même qu'aux autres pères.

Et le Fr. Paul écrivit au P. Gomez, vice-provincial :

« Nous d'avons point d'autre désir en cette vie mortelle, que de nous confesser et communier le jour qui précédera notre arrivée à Nangasaki, parce que nous ignorons si plus tard nous en aurons le temps. Et ne pouvant révéler entièrement notre conscience aux révérends pères franciscains, qui ne connaissent qu'imparfaitement la langue, nous serions grandement consolés si l'on pouvait nous envoyer le père François Paez. »

Fazambouro offrit au petit Louis de le sauver, et de le prendre à son service : l'enfant refusa.

On passa la nuit dans un bourg du royaume de Figen appelé Zoucasaki : au départ, le matin suivant, les confesseurs voulurent cheminer à pied, par dévotion, le temps approchant. La plupart marchèrent ainsi ; d'autres étaient à cheval, et d'autres en litière, ayant les pieds endoloris.

On arriva le 4 février vers midi à Sononchi, sur les terres du prince d'Omoura, à huit ou neuf lieues de Nangasaki. Les confesseurs y trouvèrent les PP. François Paez et Jean Rodriguez, que le P. vice-provincial, dès la réception de la lettre du P. commissaire, avait envoyés pour consoler la vertueuse compagnie par les divins sacrements de la confession et de l'eucharistie.

Mais on ne put satisfaire le pieux désir des confesseurs : Fazambouro, craignant d'être suspect à l'empereur, était revenu sur sa double promesse, et était déjà parti pour faire préparer les croix.

À peine le P. Rodriguez put-il seul obtenir de saluer et d'embrasser les prisonniers. Paul lui dit à voix basse qu'il espérait de la divine miséricorde avec toute confiance, que cette persécution serait glorieuse pour la sainte Église (prophétie qui se vérifia), et qu'il en avait pour preuve l'étonnante propension des gentils vers la religion.

Le P. Rodriguez embrassa tendrement le vénérable P. Pierre, qui le tira à part et lui dit avec une admirable humilité :

« Il se peut que notre supplice soit tellement précipité qu'il nous soit impossible d'exprimer tous nos sentiments : aussi, dès à présent, au nom de mes compagnons, et en qualité de leur supérieur, je demande pardon au vice-provincial de la Compagnie, et à tous les pères de toutes les peines en général que nous leur avons causées. »

Le P. Rodriguez, justifiant la bonne intention, lui demanda pardon à son tour au nom de la Compagnie.

Le P. Rodriguez fit une courte exhortation aux Japonais et retourna en grande hâte avec le P. Paez à Nangasaki, afin d'aller se concerter avec Fazambouro, selon les promesses de ce gouverneur, touchant l'administration des sacrements.

Le soir, avant d'entrer en barque pour aller à Tochizou, à sept lieues de distance en mer, on attacha une corde au col des prisonniers, et on leur lia les mains derrière le dos : on exempta les PP. franciscains de ce surcroît de peine.

On arriva à Tochizou en très-peu de temps ; mais on laissa les confesseurs dans la barque pendant toute la nuit : ils y souffrirent grandement du froid, qui était très-rigoureux.

Fazambouro avait fait préparer à Nangasaki des logements pour vingt-six personnes; mais, craignant une sédition, il résolut de faire justicier les prisonniers en dehors de la cité, le matin suivant, fête de Sainte-Agathe.

Dès le lever du jour il fit inviter les pères de la Compagnie à envoyer de suite le P. Paez vers un endroit voisin du lieu du supplice, afin de confesser seulement les trois frères de la Compagnie et non pas les autres. Le gouverneur faisait dire qu'il ne pouvait accorder davantage. L'évêque lui-même insista et ne put rien obtenir.

Fazambouro ajoutait que pour la communion, elle ne lui semblait point nécessaire, « car tous mourant pour le service de Dieu n'avaient point besoin d'autre viatique. »

Le P. Paez partit de suite avec le P. Rodriguez pour Ouracami, où était l'hôpital des Incurables; le P. Paez s'arrêta en cet endroit, et le P. Rodriguez alla en avant pour avertir les confesseurs de leur fin prochaine.

Le P. commissaire venait à cheval, récitant son office : il reçut avec joie la grande nouvelle, et tous ses compagnons éprouvèrent la même consolation.

A Ouracami, le P. Paez fit entrer le frère Paul dans l'hôpital, et entendit sa confession générale; il confessa successivement les deux autres frères. Ces deux derniers, après la confession, prononcèrent les vœux ordinaires de la Compagnie, et le Père les embrassa au nom du P. vice-provincial. C'était la coutume de recevoir dans l'ordre ceux qui devaient être martyrs, tant pour les fortifier des priviléges et des grâces pontificales, que pour honorer l'ordre même par la gloire de leur sacrifice.

Pendant ce temps tous les autres confesseurs demeuraient sur la route, récitant à genoux le rosaire, ou assis, se recommandant à Dieu et s'encourageant mutuellement.

Le P. Paez courut demander à Fazambouro, qui était déjà sur le lieu du supplice, la permission de confesser un plus grand nombre : il l'obtint avec peine. Cependant le P. Rodriguez en avait déjà réconcilié quelques-uns, et exhortait les autres. Le P. Paez se joignit à lui [1].

[1] Au temps du voyage paraît se rapporter un très-beau discours du Fr. Martin de l'Ascension, prononcé en espagnol, puis traduit en japonais, et qui nous a été conservé :

« Je ne sais de quel prix nous pourrons payer à Notre-Seigneur, moi et tous mes frères qui sommes réunis ici au nombre de vingt-six, la grâce infinie qu'il nous accorde en ce jour, en nous permettant d'atteindre à cette palme bienheureuse. Un grand nombre de saints des siècles passés, et spécialement notre père saint François, ont désiré vivement le martyre, et n'ont pu obtenir le martyre de la croix. Et malgré que nous soyons venus de Méaco jusqu'ici, la hart au col, et avec de grandes souffrances, nous n'avons pu par ces souffrances nous acquitter en rien vis-à-vis de Dieu Notre-Seigneur, pour la grâce incomparable qu'il nous accorde en ce jour. Nous avions appris qu'on nous destinait à la mort, mais à une mort différente de celle de la croix. D'où vient donc, mon Seigneur Jésus-Christ, ce bienfait immense dont vous nous rendez l'objet, bienfait si sublime et si plein de miséricorde : d'où vient que, pour nous témoigner un plus vif amour,

Les Portugais étaient venus au-devant des confesseurs, à une demi-lieue, et leur présentèrent un petit régal : les confesseurs le partagèrent entre les satellites.

Le P. Paez sollicita et ne put obtenir la délivrance des deux Japonais ajoutés pendant la route. Fazambouro n'osa l'accorder.

L'emplacement désigné pour le martyre était le

vous nous permettez, Seigneur, de mourir sur la croix? O croix bienheureuse! ô nous, si indignes d'elle! Un grand nombre de saints ont désiré d'être crucifiés, et de posséder la grâce d'un martyre aussi éminent; et ils n'ont pas eu la consolation de l'obtenir, si ce n'est quelques-uns parmi un si grand nombre. Les uns furent précipités du haut des montagnes, d'autres décapités; d'autres furent plongés dans de l'huile bouillante, et d'autres brûlés vifs; d'autres expirèrent dans des étangs glacés, d'autres furent écorchés vivants; un grand nombre subirent des supplices de tous genres, et tous reçurent le martyre avec une joie très-grande, pour le nom de Jésus-Christ, et témoignèrent une humilité parfaite, un courage et un zèle sublimes. Mais le Seigneur nous témoigne une prédilection bien rare; il nous prodigue les trésors de sa grâce et de sa miséricorde, et nous en donne le précieux témoignage, en permettant que l'on nous crucifie. Bienheureux jour et bienheureuse mort! bienheureux voyage qui nous amène à ce bien suprême, et à la mort de la croix, que nous souffrirons en ce jour pour correspondre, bien qu'en un degré minime, à l'immense amour de Jésus-Christ! N'est-ce pas le plus grand des miracles que l'élection dont nous sommes l'objet, nous si indignes? O glorieux père saint François, qui avez obtenu du Seigneur des dons si précieux, si sublimes et si célèbres dans le monde entier, à qui Jésus-Christ Notre-Seigneur, en récompense de votre grande humilité, a imprimé ses plaies sacrées sur votre saint corps terrain ordinaire des exécutions ; mais les Portugais réclamèrent de Fazambouro que ce fût dans une autre place que le lieu des criminels.

De l'autre côté du chemin qui borde la mer s'élève une colline avec une esplanade, visible de la ville entière, et à laquelle ses sinueux abords donnaient toute la forme et l'apparence d'un calvaire. Fazam-

tout enflammé de son amour, et qui les avez tenues cachées par humilité : comment le Seigneur daigne-t-il, pour nous si profondément indignes, assimiler notre mort à sa mort très-sainte ! Vous avez, ô mon Dieu, été fait prisonnier ; dans le jardin des Olives, vous avez sué d'une sueur de sang ; vous avez été traîné dans les demeures d'Anne, de Caïphe et d'Hérode, et enfin au prétoire de Pilate ; et de même, Seigneur, vous avez voulu nous témoigner votre immense miséricorde, en permettant que nous fussions saisis, chargés de liens et jetés en prison ; extraits de la prison pour avoir les oreilles coupées ; traînés à travers toutes les provinces, comme des pécheurs que nous sommes en réalité. Mais si vous, Seigneur, le juste par excellence, qui fûtes constamment si plein de douceur et d'humilité, vous avez été livré à tous les tourments et attaché sur la croix, il n'existera jamais de supplice assez grand pour nous, misérables pécheurs ! Appelons donc bienheureuse notre captivité, béni le sang que nous avons versé, fortunés les pas que nous avons accomplis avec amour et de tout notre cœur pour Notre-Seigneur Jésus-Christ : car nous sommes indignes de tant de bienfaits de la part du Seigneur. Nous avions tous un ardent désir de recevoir le sacrement de la communion à notre arrivée à Nangasaki ; et nous n'avons pu obtenir un bien aussi sublime. Mais offrons notre mort à Notre-Seigneur avec une humilité parfaite, et avec une intention très-droite et très-pure, afin que cette mort lui soit agréable : et souvenons-nous, mes frères, que Notre-Seigneur bouro y fit disposer vingt-six croix, et donna l'ordre immédiat du supplice.

L'évêque, à qui Fazambouro avait fait défense d'assister au martyre, était dans une maison sur le passage, et envoya sa bénédiction aux confesseurs, spécialement aux pères de Saint-François, en y ajoutant des paroles pleines de charité. Le P. commissaire,

est monté sur la croix pour le salut des pécheurs et a versé pour eux tout son sang. Et puisqu'il ne nous a été ni permis ni possible d'obtenir l'éminent bienfait de l'aliment céleste, qui est la sainte Eucharistie, considérons cette épreuve comme un juste châtiment de nos péchés, et offrons tous notre mort avec un cœur pur, une charité fervente, et un profond repentir de nos fautes. Et parce que nous n'aurons pas reçu la sainte communion, ne laissons pas d'avoir une entière confiance en Notre-Seigneur, car chacun de nous doit donner sa vie avec une joie et un amour absolus, en considérant que la divine Majesté nous a donné la sienne pour nous racheter. Que chacun de nous rende donc au Seigneur d'infinies actions de grâces pour ses bienfaits sans limites, et parce que nous avons accompli notre ancien désir de ne pas subir la mort par le glaive, mais plutôt d'expirer sur la croix, privilége que n'ont point obtenu la plupart des martyrs : recevons comme une peine, à valoir sur tous nos péchés, les épreuves que nous avons pu souffrir, lesquelles ne sont que des faveurs du ciel. Souffrons-les toutes avec patience, car nos péchés méritent des supplices et un martyre infiniment plus terribles, et le présent martyre n'est rien absolument en comparaison de ce qu'a souffert Notre-Seigneur Jésus pour nos propres péchés, dans sa mort et dans sa passion, sans qu'il fût pécheur, ainsi que nous le sommes. Souffrons tous pour son amour, et si nous subissons la mort pour l'amour de Dieu seul, il l'aura pour agréable, en vertu des mérites de sa au nom de tous les pères, le fit remercier, lui demandant de nouveau pardon de n'avoir pas été aussi obéissants qu'ils auraient pu l'être.

Les pères de la Compagnie dissuadèrent l'évêque d'être présent au martyre même. Plus tard, apprenant les faits, il s'écria : « Si j'avais consulté mon bâton pastoral, j'aurais fait ce que je devais ; » et il alla

passion, et comme une expiation partielle de tous nos péchés. Nous n'ignorons pas que pour un seul péché mortel, commis envers la Majesté divine, nous avons mérité le feu éternel de l'enfer : que nul donc ne s'enorgueillisse, et ne dise en son cœur que, mourant sur la croix à l'exemple de Jésus-Christ, il a droit au pardon de tous ses péchés ; car il peut de la croix descendre dans l'enfer, en châtiment de son orgueil. Que nul ne redoute la mort, que nul ne défaille, alors même qu'on lui trancherait les ongles ou la chair, qu'on lui ferait subir quelque autre torture ; mais qu'en chrétien héroïque, il conserve son âme en toute sa puissance, et endure énergiquement tous les supplices, pour l'amour de Jésus-Christ, quand bien même on nous taillerait en mille pièces. Et ainsi que notre condition est assez heureuse pour que nous mourions sur la croix, que chacun de nous demande humblement à Notre-Seigneur de nous tenir par la main, afin que nous n'éprouvions aucune faiblesse : recommandons-nous au Père éternel ; prenons pour notre avocate la Vierge Marie, afin qu'elle nous protége ; invoquons aussi le bienheureux père saint François, et notre ange gardien, et aussi tous les saints du ciel, afin que tous s'unissent pour notre défense, et que, par leur intercession, nos péchés nous soient pardonnés, et que nos âmes aillent jouir de l'éternelle demeure, que ces protecteurs nous auront ouverte [1]. »

[1] Ribad., p. 618.

sur le lieu du martyre et s'y prosterna pour adorer.

Le cortége arriva à la colline vers les cinq heures du soir. Les arquebusiers et les piquiers du gouverneur formèrent une haie à sept ou huit pas des croix, ne laissant pénétrer que les suppôts de la justice et les PP. jésuites Paez et Rodriguez.

Toutes les croix avaient leur inscription, portant le nom du martyr, sa qualité, et la mention qu'il mourait par justice, de l'ordre de Couambacoudono, et que nul ne devait, sous peine de mort, toucher aux cadavres.

Quand l'ordre final arriva, tous les confesseurs s'étaient levés et s'étaient mis en marche pour accomplir la station finale. Ils avançaient deux à deux, et cette procession sacrée inspirait une vive admiration.

A la vue des bois sacrés sur lesquels ils devaient consommer leur sacrifice, les saints confesseurs les saluèrent avec amour, à l'exemple de l'apôtre saint André. Le P. Martin de l'Ascension entonna le cantique *Benedictus Dominus Deus Israel!* Le P. Pierre-Baptiste, les yeux levés au ciel, parut comme ravi en contemplation. Le jeune Louis demanda quelle était sa croix, et courut l'embrasser.

Les apprêts commencèrent immédiatement. On arracha aux confesseurs leurs pauvres manteaux, et on les attacha sur leurs croix par le col et par les poignets, avec des anneaux de fer. La plupart des forgerons et des charpentiers de la ville avaient refusé leur office : on eut peine à trouver pour cette œuvre odieuse quelques mercenaires, qui, dit-on, éprouvèrent bientôt un châtiment divin de leur crime, et se virent au bout de peu de jours tout infectés de lèpre.

Les croix étaient distantes de quatre ou cinq pas, et la face de tous les martyrs était dirigée vers Nangasaki. Vis à vis d'eux se trouvait une perche avec l'écriteau de la sentence.

Le P. Pierre-Baptiste, qui pendant le chemin avait conjuré les bourreaux de le torturer à ce point de ne laisser entier aucun de ses membres, demanda d'avoir les pieds et les mains cloués à la croix, à l'imitation du divin Sauveur. Cette grâce lui fut refusée par les ministres, qui alléguèrent n'en avoir point l'ordre.

A ce moment suprême, le jeune Antoine, servant de messe et catéchiste du P. commissaire, fut vivement sollicité, par ses père et mère infidèles, de renoncer à sa foi : son père lui offrant afin même de le séduire la possession actuelle de toute sa fortune : « Ce que vous m'offrez, répondit l'enfant, est chose temporelle; mais ce que me réserve Jésus-Christ mon Seigneur, qui règne dans le ciel, est un bien éternel. » « Voici, » dit-il encore en se dépouillant de son habit, comme autrefois saint François d'Assise, « ce que vous m'avez donné. » Et il ajouta : « Ne pleurez point, car avant une heure je serai devant Dieu, et je le prierai en votre faveur. »

Tous, attachés à la croix, demandaient pardon à Dieu pour leurs bourreaux. Paez et Rodriguez les encourageaient avec amour.

Tel fut l'empressement des bourreaux à accomplir leur œuvre que les saints confesseurs eurent à peine le temps de parler au peuple. Les exécuteurs dégaînèrent leurs lances, et frappèrent chacun des martyrs dans l'un et l'autre côté, de manière à transpercer la poitrine, depuis le flanc jusqu'à l'épaule opposée, et redoublant au besoin, pour achever la victime. Tous les chrétiens présents criaient : « Jésus ! Marie ! » et les pleurs s'élevaient aux étoiles.

Cependant la piété des fidèles put recueillir quelques précieux détails, qui nous ont été conservés dans l'enquête apostolique.

Le P. Commissaire, du haut de sa croix, prononça quelques paroles édifiantes, puis à l'invitation de l'enfant Antoine, il chanta le *Te Deum* avec lui ; ensuite il se tint immobile, et fixa les yeux vers le ciel.

Le P. Martin de l'Ascension récita des psaumes, et finit par le verset : *In manus tuas, Domine*.

Le P. Francisco Blanco et les deux frères franciscains priaient à haute voix.

L'enfant Antoine, après le *Te Deum*, commença le *Magnificat*, et alla l'achever avec les anges.

L'enfant Luis agitait les mains, et s'écriait : « Paradis, paradis ! »

Paul Miki prononça de belles paroles dont nous avons la substance. « Vous tous ici présents, écoutez-moi ! Je ne suis point un homme de Luçon, mais un Japonais de race, et un frère de la Compagnie de Jésus. Je n'ai commis aucun crime, et je meurs en croix pour avoir prêché la loi de Jésus-

Christ ; je m'applaudis de mourir pour cette cause, et j'estime ma mort un grand bienfait de Dieu. A cette heure suprême, où vous pouvez croire que je dis la vérité, je vous affirme, et je vous garantis qu'il n'existe point d'autre voie de salut que la voie des chrétiens. Et ainsi que cette loi commande de pardonner à nos ennemis et à ceux qui nous ont fait du mal, je déclare que je pardonne au souverain du Japon et à tous ceux qui pourraient avoir quelque part à ma mort. Je n'éprouve aucun ressentiment contre le prince, et mes vœux les plus ardents sont pour qu'il se convertisse à la religion chrétienne, ainsi que toute la nation japonaise. » Et récitant l'*In manus*, il reçut le coup mortel, ayant paru tendre de tout son corps vers la bien-aimée lance qui le devait percer.

Au pied de la croix de Jean Soan était le père de ce martyr, venu pour lui dire un suprême adieu. Jean, surmontant sa douleur, lui adressa de pieux avis, et le père ne fut point indigne de son fils.

L'un des bourreaux du P. Martin de l'Ascension lui rompit la lance dans le corps, et ne pouvant retirer le fer, monta le long de la croix, arracha le fer, et, descendu, porta le dernier coup.

Le dernier qui expira fut le Père Pierre-Baptiste.

Le gouverneur, profondément ému de ce merveilleux spectacle, ne put demeurer plus longtemps, et laissa au juge ordinaire de Nangasaki le soin de placer des gardes et d'assurer le bon ordre.

Mais, malgré les gardes armés, tous les chrétiens et les idolâtres même se précipitèrent, afin de recueillir le sang des blessures et celui qui couvrait la terre : on l'étanchait avec des linges et avec du papier; plusieurs même léchèrent ce sang. Quelques-uns raclèrent le bois des croix.

On arracha les vêtements des martyrs, à titre de reliques; les Portugais recouvrirent avec des linges la nudité des corps. Les linges même furent enlevés, et on y substitua des nattes.

Nous donnerons ici les noms des vingt-six martyrs, d'après l'enquête apostolique [1].

Six religieux de l'ordre de Saint-François, trois prêtres et trois frères lais :

I. Le P. Fr. Pierre-Baptiste, prêtre et prédicateur, commissaire aux Philippines des frères mineurs de l'Observance (Franciscains déchaussés), âgé de 48 ans.

---

[1] Voici l'ordre des croix, d'après la peinture que le chirurgien Aguirre fit faire par un Manilais :

1, Le P. Commissaire; 2, le P. Martin de l'Ascension; 3, Paul Souzouki; 4, Gabriel; 5, Jean Kizaya; 6, Thomas; 7, François le médecin; 8, Joachim Sakiyor; 9, le jeune Thomas; 10, Bonaventure; 11, Léon Carazouma; 12, Mathias; 13, le Fr. Fr. Francisco de S.-Miguel; 14, le P. Fr. Blanco; 15, le Fr. Fr. Gonsalo Garcia; 16, le Fr. Fr. Philippe de Jésus; 17, le jeune Antoine; 18, le jeune Louis; 19, Paul Ibariki; 20 le F. Jean Soan; 21, le F. Paul Miki; 22, le F. Jacques Kisaï; 23, Michel Cozaki; 24, Pierre Sukeichin: 25, Cosme Takeia 26, François le charpentier.

II. Le P. Fr. Martin Aguirre, ou de l'Ascension, prêtre et prédicateur du même ordre, âgé de 30 ans.

III. Le P. Fr. Francesco Blanco, prêtre théologien et prédicateur du même ordre, âgé d'environ 30 ans.

IV. Le F. Fr. Francesco de S. Miguel, *alias* de la Parrilla, frère lai du même ordre, âgé de 53 ans.

V. Le F. Fr. Gonçalo Garcia, frère lai du même ordre.

VI. Le F. Fr. Philippe de las Casas, ou de Jésus, religieux de chœur du même ordre.

Trois frères de la Compagnie de Jésus :

VII. Le F. Paul Miki, Japonais, de la Compagnie de Jésus, catéchiste, âgé de l'âge glorieux de 33 ans.

VIII. Le F. Jean Soan, surnommé de Goto, Japonais, de la Compagnie de Jésus, clerc et catéchiste, âgé de 19 ans.

IX. Le Fr. Jacques Kisaï, Japonais, de la Compagnie de Jésus, clerc servant à l'autel et portier de la maison de la Compagnie à Ozaca, âgé de 64 ans.

Dix-sept laïques Japonais, appartenant au tiers ordre de Saint-François :

X. Paul Souzouki, du royaume de Woari, prédicateur

et interprète des pères franciscains, et aussi hospitalier ou infirmier dans leur hôpital.

XI. Gabriel, du royaume d'Iche, ancien page du lieutenant gouverneur de Méaco : s'était coupé les cheveux pour faire voir qu'il renonçait au monde, et s'était attaché aux pères franciscains, comme catéchiste; il servait aussi comme clerc à l'église; il était âgé de 19 ans.

XII. Jean Kizaya, de Méaco, tisseur de soie, voisin d'habitation, et compromis comme tel.

XIII. Thomas Dachi, du royaume d'Iche[1], pharmacien, ancien catéchiste et interprète des pères franciscains.

XIV. François, de Méaco, médecin, ancien serviteur du prince de Boungo, en dernier lieu catéchiste et interprète, âgé de 46 ans[2].

XV. Thomas Cozaki, fils de Michel Cozaki (XXIII), catéchiste et servant de messe du P. Ribadeneyra et du P. Martin; âgé de 15 ans.

XVI. Joachim Sankiori, d'Ozaca, cuisinier des pères franciscains, âgé de 40 ans.

XVII. Bonaventure, de Méaco[3], catéchiste des pères franciscains.

---

[1] *Alias* de Méaco.
[2] Il avait, d'un commun accord avec sa femme, fait vœu de continence.
[3] Avait été baptisé jeune; devenu orphelin, il fut placé

XVIII. Léon Carazouma, de la province de Woari[1], principal interprète des religieux, prédicateur et catéchiste, et spécialement infirmier pour les lépreux. Était frère puîné de Paul Ibariki (XXII).

XIX. Mathias, de Méaco, chrétien récent, qui prit la place d'un autre Mathias, absent lors de l'arrestation des religieux.

XX. Antoine, de Nangasaki, âgé de 13 ans, fils d'un père chinois et d'une mère japonaise, élevé dans le collége de la Compagnie de Jésus, catéchiste et servant de messe du P. commissaire.

XXI. Louis, de la province de Woari, âgé de 12 ans, baptisé quelques mois auparavant, catéchiste et servant de messe. Il était neveu de Léon Carazouma et de Paul Ibariki.

XXII. Paul Ibariki, de la province de Woari, tonnelier; nouvellement baptisé, prédicateur; frère de Léon.

XXIII. Michel Cozaki, père du jeune Thomas, de la province d'Iche, fabricant de flèches, puis serviteur des religieux : il avait contribué à la fondation de l'Église d'Ozaca.

XXIV. Pierre Soukechiro, Japonais, glorieux

---

dans une bonzerie, s'y fit bonze, et y demeura 20 ans. Réconcilié par les pères franciscains, il embrassa leur service.

[1] Avait été bonze, et s'était fait chrétien depuis sept ou huit ans. Il avait grandement coopéré à l'Église de Méaco. Lui et sa femme avaient fait vœu de continence.

surnuméraire, ajouté pour s'être approché des confesseurs et leur avoir offert des rafraîchissements : il avait été envoyé par le P. Organtin.

XXV. Cosme Takeya, de la province de Woari, repasseur de sabres; récemment baptisé, était devenu prédicateur, spécialement pour les lépreux. Il servait d'interprète au P. Martin, et avait été pris avec lui à Ozaca.

XXVI. François, Japonais, charpentier; avait été baptisé sept ou huit mois auparavant, sous le nom de Caïus, et avait reçu celui de François à la confirmation. Sa charité vis-à-vis des confesseurs lui valut le martyre; il les avait visités dans la prison, et dans le voyage il leur avait rendu tous les bons offices qui dépendaient de lui, montant même à leurs côtés sur la charrette. Les satellites, fatigués de cette sainte persévérance, le lièrent à son tour, et le réunirent aux autres confesseurs.

Ce martyre solennel eut lieu le 5 février 1597, Fazambouro étant gouverneur de Nangasaki.

Les PP. Jean Rodriguez et François Paez, de la Compagnie de Jésus, avaient obtenu des magistrats la permission d'être présents. Deux religieux franciscains, le P. Marcel de Ribadeneyra, et le Fr. Jean le Pauvre, y assistaient également, déguisés et confondus dans la foule.

A la nuit, l'évêque alla visiter le lieu du martyre et se prosterna devant les saints corps.

Le prélat écrivit une belle lettre au provincial des franciscains de Manille :

« Mon très-révérend Père en Jésus-Christ;
La paix de Jésus-Christ !

« Je ne puis me dispenser de féliciter Votre Paternité et sa sainte religion pour les morts bienheureuses de six religieux de son ordre, à savoir : du P. Fr. Pierre-Baptiste, Commissaire; du P. Fr. Martin de Loyola[1], et du P. Fr. Francisco Blanco ; du Fr. Fr. Philippe, du Fr. Gonçalo Garcia et du Fr. Francisco; lesquels Taicosama a commandé de crucifier en ce lieu de Nangasaki, leur imputant à crime d'avoir prêché notre sainte religion au Japon : mais ce crime a sanctifié leur mort, et nous rendons à Dieu d'infinies actions de grâces. Nous portons envie à ces heureux martyrs, et pour leur mort et pour l'insigne exemple qu'ils nous ont laissé. Sous leur ombre sont entrés en partage de leur heureuse mort trois Frères de la Compagnie de Jésus, et dix-sept chrétiens japonais, tous à titre de chrétiens : ces vingt-six confesseurs, le jour de la glorieuse sainte Agathe, 6 de février, sont entrés, nous en avons la pieuse croyance, dans le paradis, vainqueurs du tyran qui les a fait mettre à

---

[1] Pour Aguirre.

mort, et de la mort qu'il leur a fait donner, honorant leur religion sainte, et nous laissant l'admirable exemple de leur charité divine et de leur héroïsme ; et nous-mêmes, encouragé par la vue de leur sacrifice, nous sommes disposé à vaillamment combattre, et à nous immoler dans une cause aussi sainte et si pleine d'honneur, pour la foi de Jésus-Christ. Les Portugais ont été grandement édifiés par les saintes paroles qu'ont prononcées les Pères en mourant sur la croix ; les uns ont chanté des hymnes et des psaumes ; d'autres ont demandé à Dieu le pardon de leurs bourreaux ; d'autres disaient l'*In manus tuas;* d'autres avaient couru embrasser leur croix, se déclarant indignes d'une faveur aussi éminente. Le P. Fr. Pierre accomplit un acte qui révélait en lui un grand serviteur de Dieu. Tandis qu'on lui attachait un des bras à la croix, au moyen d'un anneau de fer, il dit en montrant du doigt la paume de sa main : « Clouez, clouez ici, mon frère. » Je n'écris pas à Votre Paternité les autres détails de ce martyre et de l'inhumanité du tyran à l'occasion du vaisseau *le Saint-Philippe,* afin de ne pas mettre sous vos yeux d'excessives douleurs qui déchirent notre âme seulement à les écrire : combien plus sont-elles sensibles à qui les a souffertes ! Vous verrez à Manille un grand nombre de témoins oculaires. Que Votre Paternité soit consolée dans son âme, et conserve une sainte allégresse des présentes nouvelles au sujet de la glorieuse mort de ses Frères en religion : qu'elle dispose de moi, dans toute occasion, en faveur de l'Ordre franciscain et d'elle-même ;

et que dans ses dévotes prières elle me recommande instamment à Notre-Seigneur.

« De Nangasaki, le 27 février 1597. De Votre Paternité le serviteur en Jésus-Christ.

« L'ÉVÊQUE DU JAPON[1]. »

Des faits merveilleux accompagnèrent ce martyre. Nous énoncerons en toute simplicité les principaux, tels qu'ils se trouvent consignés dans les enquêtes, en adhérant scrupuleusement aux conclusions des commissaires apostoliques et à la bulle pontificale (relative aux trois frères de la Compagnie de Jésus), de laquelle résulte qu'il y eut des faits merveilleux, avec cette réserve que la spécification en serait difficile. Les témoignages, en effet, s'accordent sur un grand nombre, diffèrent pour quelques-uns, et pour un petit nombre ne paraissent point avoir la précision nécessaire afin d'être probants. Mais il va sans dire que nous acceptons d'avance et dans son entier la décision suprême qui doit émaner du Saint-Siége et la teneur entière de la bulle de canonisation des vingt-six martyrs.

Au moment même du sacrifice, dit le sommaire apostolique, apparut au-dessus des croix une colonne de feu qui, vers les huit heures du soir, se divisa en trois parts. Un des météores alla planer sur la maison

[1] Juan de S. Antonio, Part. III, l. III, ch. 9.

des PP. de la Compagnie de Jésus, à Nangasaki, et s'évanouit dans les airs. Les deux autres sillonnèrent l'horizon dans des directions diverses. L'éclat de ces feux était si extraordinaire qu'il paraissait que la nuit fût devenue le jour. La population tout entière, accourue sur le môle, fut témoin de ce prodige. Ainsi le gouverneur idolâtre et les bourreaux, race inhumaine et perverse, pouvaient s'écrier : « En vérité, c'étaient des serviteurs de Dieu ! » Tous étaient remplis de frayeur et criaient à Dieu : « Miséricorde ! » On croyait être à la fin du monde.

On dit aussi que l'on vit apparaître l'image d'une femme, entourée d'un grand nombre d'étoiles de diverses couleurs.

Les corps des martyrs demeurèrent longtemps dans un état parfait de conservation. Après deux ou trois jours, un des gardes japonais trancha avec ses dents le pouce du pied droit du P. Pierre-Baptiste, et un sang frais découla de la blessure. Ce soldat ne voulut jamais se dessaisir de cette relique : on lui en offrit inutilement vingt, et jusqu'à deux cents écus.

On dit aussi qu'après le même temps un sang frais découla de la plaie du côté.

Certains oiseaux, appelés par les Espagnols *massangues* ou *peoros*, qui d'ordinaire accouraient en grand nombre au lieu des exécutions, et qui se repaissaient de la chair des suppliciés, en commençant par leur dévorer les yeux, voltigèrent continuellement au-dessus des croix, pendant quatre-vingts jours que les corps y demeurèrent, et ne touchèrent point à ces saintes reliques, tandis que les corps d'autres suppliciés, mis à mort pour leurs crimes, et qui se trouvaient à trente pas à peine, furent incontinent mis en pièces par ces oiseaux de proie.

Et comme si pour la manifestation du prodige, de nouveaux témoins étaient nécessaires, le navire annuel arriva de Méaco, quarante jours après le martyre, et les Portugais louèrent une maison ayant vue sur ce calvaire : durant près de deux mois ils purent rassasier leurs regards de ce merveilleux spectacle; car pendant ce long intervalle les corps eurent encore apparence de vie.

Au soixantième jour, l'Espagnol Ponce de Léon alla avec l'évêque, et pressa le talon du P. Pierre-Baptiste : il en sortit un peu de sang décoloré.

On raconte aussi la résurrection d'un mort, opérée au pied de la croix du père Commissaire. Une mère y porta son jeune enfant, lequel venait d'expirer ; elle lui frotta le visage avec la terre imprégnée de sang, et l'enfant revint à lui.

Mais un fait plus miraculeux encore que la résurrection d'un mort serait que le P. Pierre-Baptiste aurait à plusieurs reprises disparu de sa croix, et qu'on l'aurait vu deux ou trois fois célébrer la grand' messe dans sa maison de Nangasaki, entre dix et onze heures du matin, étant assisté du jeune Antoine, son servant ordinaire. Ce dernier fait si extraordinaire parmi les miracles même, s'il était avéré, a été l'objet d'une discussion consciencieuse dans l'enquête apostolique : on y paraît seulement admettre une vision réelle qui aurait existé sans l'essence du sacrifice, et une forme ou apparence de la célébration des saints mystères, manifestée comme un gage éclatant de la sainteté du martyre et de l'acceptation par Dieu du sanglant sacrifice, en imitation de l'Agneau divin immolé sur l'autel. Miracle évident dans tous les cas, dit le procès apostolique, et miracle des plus considérables [1] !

---

[1] Nous donnons ici la discussion consignée dans le rapport apostolique.

« Quo facto ita probato, et supposito, potest firmari, hoc magnum miraculum fuisse, cum excedat vires naturæ, quod homo jam mortuus recedat de loco martyrii ad locum altaris, et celebret missam, maxime cum Deus a principio homines elegerit ministros ad conficienda, et ministranda sacramenta, non autem cadavera elegerit. Quamvis verum sit, quod poterat tunc eligere angelos bonos ad tale ministerium, vel quamcumque aliam intellectualem creaturam, juxta Divum Thomam (III *part. quæst.* 64. *art.* 7). Nec obstat, quod Deus elegerit homines a principio ad conficienda et ministranda sacramenta, non vero cadavera, quia hic est consideranda anima, cui in sacerdote remanet character perpetuus, et indelebilis, juxta D. Thomam (*ubi supra, quæst.* 63 *in corpore, et in responsione ad 3, ubi quod*) : « *quamvis post hanc vitam non remaneat exterior cultus, remanet tamen finis illius cultus, et ideo post hanc vitam remanet character, et in bonis ad eorum gloriam, et in malis ad eorum ignominiam.*» Sed sic est, quod anima post hanc vitam considerari potest in corpore dupliciter, vel assistens tantum, vel informans; si tantum assistat, particularem exigit commis-

Le P. Fr. Math. de Mendoza, augustin, fit pacte avec des Japonais chrétiens pour l'enlèvement des corps des PP. Pierre-Baptiste et Philippe de las Casas : il donna pour chacun dix pièces d'argent, et ayant obtenu les deux corps, les transporta à Manille.

Pour les autres reliques, les chrétiens venaient de nuit et en ravissaient des parties : tous en possédaient.

Les confrères de la Miséricorde, par ordre du

sionem a Deo, ut modo humano, et sensibili sacramenta ministret ; si vero informet corpus mortale, quale erat in casu proposito et ordinaria potestate ministrare potuit sacramenta, quod de B. Petro, si rediret in vitam, expresse tenet Soto in hæc verba : « *Immo, si D. Petrus huc rediret, posset, sine nova commissione ratione characteris, quem habet indelebilem sacerdotalem, sacramenta ministrare (in 4. dist. 1. quæst. 5. art. 7).* »

Cum autem testes non exprimant principales missæ functiones quoa consecravit, et quod ad adorandum proposuerit corpus Christi, possemus fortasse dicere, quod exhibita fuit tantum visio illa servi Dei paramentis ecclesiasticis induti, et ad altare per modum celebrantis, ad ostendendam sanctitatem, et meritum ipsius Martyris, ad declarandum, quam acceptum fuerit crucis sacrificium ab eo exhibitum, et quam similitudinem habuerit cum sacrificio altaris, ad commendandam in illis partibus devotionem erga Missam, et ad decorandum novam illam sponsam japonensem Ecclesiam, *cui omnis decor ab intus*, scilicet a corpore, et sanguine sponsi in ara sacrificati. Multa alia possunt considerari, ad quæ talis apparitio aptissimum esset medium; et utcumque sit, ex supradictis videtur quædam res mirabilis, immo et miraculum maximum.

P. Antoine Lopez, recteur de la Compagnie de Jésus, recueillirent tout ce qu'ils purent, placèrent ces saints débris en un lieu décent, et les traitèrent comme les ossements de véritables martyrs.

D. Fr. Tello, successeur de D. Gomez Perez de las Marinas, voyant apporter aux Philippines une grande quantité de ces reliques, défendit de les mettre en évidence, et il chargea le P. Marcel de Ribadeneyra d'en porter une partie au souverain pontife et au roi d'Espagne D. Philippe. Le voyage de ce religieux fut comme un triomphe : il laissait des parcelles de son trésor aux églises par où il passait, indépendamment des offrandes réservées au souverain pontife et au roi d'Espagne.

On conserva jusqu'à nos jours à Macao les reliques des trois frères de la Compagnie de Jésus. Elles périrent dans l'incendie qui consuma l'église de Saint-Paul en l'année 1836.

Le lieu du martyre devint comme sacré et on l'appela *les Martyrs*.

La colline où il se trouvait, placée à l'entrée de Nangasaki, était toujours, depuis cette époque, saluée par l'artillerie des vaisseaux portugais. Les chrétiens environnèrent la place d'un fossé et d'une haie de bambous ; l'enceinte avait trois cents pas de large et quatre cents de long. Des roses et des fleurs croissaient dans les trous où avaient été les croix ; plus tard, vingt-six arbres y furent plantés. Une grande croix y fut aussi érigée. Enfin un gardien fut mis par les Portugais pour préserver le lieu vénéré.

Il se faisait de fréquents pèlerinages, surtout les vendredi et samedi, et bien souvent l'on entendait dire aux fidèles : « Allons vers les saints martyrs. » Les uns faisaient le trajet à pieds nus, d'autres gravissaient la colline à genoux. On s'infligeait là de rudes disciplines. On invoquait l'intercession des vingt-six crucifiés, comme d'autant de martyrs, en disant : « Vous tous, saints martyrs, priez pour nous ! » On faisait brûler des lampes et on formait des vœux.

Les relations affirment que des malades, ayant eu foi dans ces martyrs, obtinrent la santé en prenant des breuvages où l'on avait mêlé la poussière du lieu, ou l'écorce et les feuilles des arbres ; et que les clous qui avaient servi à fixer les anneaux, suspendus au col d'autres malades, les avaient pareillement guéris.

On dit encore qu'en 1612 une relique du P. Pierre-Baptiste fit cesser une tempête, et que d'autres miracles extraordinaires furent accomplis par son intercession : ainsi un jeune enfant, tombé d'une fenêtre, reprit instantanément ses sens et la santé ; une femme en mal d'enfant et sur le point d'expirer, fut délivrée à l'heure même, après qu'on eut invoqué le vénérable père [1].

On rapporte que, autour et au-dessus des arbres, il apparut souvent de merveilleux luminaires [2] et que, spécialement tous les mercredis, on apercevait comme

---

[1] Enquête de Mexico, 6ᵉ témoin.
[2] 20ᵉ et 23ᵉ faits de l'enquête apostolique.

une lampe rayonnante qui resplendissait durant toute la nuit, et disparaissait vers le matin [1].

L'immolation de ces saintes victimes parut causer des regrets à l'empereur lui-même. Sa colère assouvie laissait renaître en son âme le souvenir des vertus des religieux et de l'innocence de leurs disciples.

La persécution se ralentit ; les princes et les gouverneurs qui, pour imiter leur souverain, essayaient de faire apostasier les chrétiens, les trouvant inflexibles, les laissèrent en paix. Ainsi le gouverneur de Facata, qui avait commandé que les mille chrétiens qui habitaient sa ville renonçassent à leur foi, livrassent leurs chapelets et les autres objets de dévotion, et inscrivissent sur des tablettes placées à leurs portes le nom d'une idole qu'ils auraient choisie, et diverses sentences réputées efficaces contre l'incendie et les maladies, vit ses ordres sans effet et n'alla point au delà. Le prince de Firando, qui avait voulu de même s'attaquer aux chrétiens, renonça bientôt à son entreprise, et n'exerça ses rigueurs que dans sa propre maison, envers sa belle-fille, qui persista généreusement dans la foi.

Les chrétiens se montraient en public, portant une croix brodée sur leurs habits.

En effet la grâce divine agitait tout ce peuple. Les fidèles se sentaient affermis, et les infidèles se convertissaient en grand nombre. En peu de mois, dix mille personnes entrèrent dans l'Église, et le

[1] 22e fait.

magistrat chargé de faire exécuter l'édit conçut la pensée de demander à son maître si l'on devait exécuter ses ordres à la lettre ; car, d'après le courant des choses, en condamnant à mort tous les convertis, on s'exposait au danger de dépeupler l'empire.

Avant le martyre, dans Nangasaki même, il existait à peine quelques milliers de fidèles. En l'année 1616, il en existait trente mille [1]. Tels sont les fruits de l'immolation par le martyre. Les gentils rendaient ainsi témoignage à Dieu, sans concevoir la valeur immense de ce sacrifice qui dépasse la conception humaine, lorsqu'ils se trouvaient engendrés eux-mêmes à la vie divine par le sang des martyrs, uni mystérieusement au sang de Jésus-Christ.

Don Pedro Martins, évêque du Japon, avait fait immédiatement dresser un instrument officiel.

Le 2 juin suivant, don Léonard de Saa, évêque de Chine, et inquisiteur apostolique, sur la requête du P. Fr. Jérôme de Saint-Laurent, gardien de la custode de Saint-François des Moluques, ouvrit une enquête préparatoire [2].

Et le 18 novembre, l'évêque du Japon, ci-dessus nommé, sur la demande du même P. Fr. Jérôme de Saint-Laurent, délivra des lettres testimoniales.

On y lit ce passage : « Je les ai vu, de mes propres yeux, élever sur les croix ; j'ai vu briller les lances

---

[1] Enquête, 19e fait.
[2] L'instrument en fut exhibé dans l'enquête de Tlascala.

qui les ont percés, et j'ai vu la multitude infinie de personnes, tant des chrétiens que des infidèles, qui étaient accourues à ce grand spectacle : je n'ai pu discerner tous les détails du supplice, me trouvant à trop de distance ; mais j'ai entendu s'élever un grand cri, au moment où on achevait de les immoler ; et deux ou trois heures plus tard, je suis allé les contempler sur leurs croix : je les vis ayant les coups de lance au travers de la poitrine, et couverts d'un sang encore frais, avec une apparence si riante et si belle, et des visages tellement angéliques, qu'il semblait que ce fussent des personnes endormies ou ravies en extase, et non des hommes déjà morts. »

Cependant, pour obéir à l'ordre d'exil, et toutefois ne pas anéantir la pieuse milice des ouvriers évangéliques, et priver cette Église de ses pères spirituels, les religieux de la Compagnie firent partir pour Macao quelques religieux âgés ou infirmes, et un certain nombre d'étudiants qui devaient recevoir les ordres sacrés. Il demeura encore, de la Compagnie de Jésus, cent douze religieux, dont quarante-trois pères, et le reste étudiants ou coadjuteurs.

Il s'était trouvé onze religieux franciscains au Japon. Six d'entre eux venaient d'être crucifiés ; les trois qui étaient restés à Nangasaki, à savoir, les pères Augustin Rodriguez, Bartholome Ruiz, et Marcel de Ribadeneyra, furent envoyés à Macao sur le navire portugais : le frère Jean le Pauvre leur fut réuni peu de temps avant le départ ; enfin le père Jérôme de Jésus, qui s'était caché à Ozaca, étant descendu à Nangasaki, y fut pris et fut mis sur un navire en destination pour Manille. La tempête l'ayant obligé d'aborder à Macao, il retrouva ses deux confrères, et tous trois ensemble se rendirent aux Philippines.

A la nouvelle du martyre, il se fit de grandes fêtes à Manille, et le 18 avril l'archevêque fit célébrer une procession magnifique.

Des fêtes non moins solennelles s'accomplirent à Macao, à Malacca et à Goa.

Cependant le capitaine général des Philippines, D. Francisco Tello, profondément ému par le martyre du père ambassadeur et de ses compagnons, et concevant de graves inquiétudes au point de vue politique, en raison des anciennes menaces de Taicosama et du péril d'une invasion formidable, crut devoir envoyer une autre ambassade vers l'empereur japonais pour demander des explications au sujet du *Saint-Philippe* et du martyre des ambassadeurs. C'étaient D. Luis Navarrete Fajardo et D. Diego de Sosa, auxquels fut adjoint comme compagnon le père Mathias de Sosa, religieux augustin [1]. Les envoyés espagnols devaient demander les causes de la mort des religieux, et réclamer leurs corps ; ils devaient aussi demander raison du séquestre du *Saint-Philippe*, en violation d'un sauf-conduit officiel : et enfin réclamer

---

[1] Le P. Alonzo Munoz, franciscain, devait aller avec eux, sous l'habit séculier, mais il fut reconnu, et dut descendre du navire.

une licence impériale pour le commerce à venir.

Ils étaient chargés d'offrir à l'empereur de magnifiques présents, parmi lesquels se trouvait un éléphant privé.

Les envoyés arrivèrent au Japon en août 1595. Ils furent accueillis avec bienveillance par Taicosama ; mais la colère de ce prince n'était point évanouie, et les réponses qu'ils reçurent, sans être violentes, et sans menacer la colonie espagnole, furent loin de satisfaire aux justes désirs du gouverneur de Manille: « Les religieux, dit Taicosama, ont été mis à mort pour avoir transgressé mes lois ; néanmoins je rendrai leurs corps. Je ne veux plus qu'à l'avenir aucun religieux pénètre dans mes domaines. Quant au séquestre du navire, la loi japonaise ordonne la confiscation des épaves, et nul sauf-conduit ne peut prévaloir contre cette loi. Taicosama refusa la licence pour le commerce avec les Philippines. En même temps il remit en liberté D. Mathias Landecho, capitaine du *Saint-Philippe*, et les marins de son équipage, demeurés prisonniers jusqu'à cette époque.

Cette ambassade, infructueuse à tout autre égard, éloigna seulement les dangers d'une guerre [1]. Navarrete mourut de maladie au Japon, et les autres envoyés retournèrent à Manille.

---

[1] Peu de temps après Taicosama, à la suggestion de Faranda, conçut le dessein de conquérir Formose. Le vice-roi de Manille en fit donner avis au gouverneur de Canton, afin qu'il se mit en défense. Mais la mort empêcha l'empereur japonais de réaliser ses vues.

Dans la même année deux franciscains essayèrent de rentrer au Japon, mais ne purent prendre terre.

Le P. Fr. Marcel de Ribadeneyra fut alors envoyé en Espagne, où il répandit la nouvelle du martyre. De nombreux récits en furent composés et traduits en différentes langues.

Peu d'années après, le Saint-Siége crut devoir user de sa paternelle sollicitude pour la constatation de ce glorieux triomphe, et ainsi qu'il est vrai que ces vénérables victimes « par un enseignement, pour ainsi dire divinement sommaire, ont attiré plus de disciples du haut de la croix que du haut de la chaire, et que les martyrs sont en réalité les colonnes de l'Église [1], » le pape Paul V, sur les instances des deux saintes religions, l'ordre de Saint-François et la Compagnie de Jésus, fit délivrer une commission apostolique en l'année 1616; les procédures commencèrent dès lors.

Un instrument rémissorial en double expédition fut adressé à l'archevêque de Mexico et à l'évêque de Tlascala, autrement appelée Puebla de los Angeles, pour les enquêtes à faire en ces deux villes, à cause de l'origine et de la résidence de quelques-uns des martyrs. Un second, également en double, fut transmis au Japon, d'une part au vicaire-général de l'ordre de Saint-Dominique, qui devait être assisté par les pères Rueda et Orfanel, et d'autre part au provincial de la Compagnie de Jésus. Un troisième fut envoyé aux Philippines à l'archevêque de Ma-

---

[1] Expressions du rapport apostolique.

nille pour l'enquête en sa métropole. Un dernier enfin, pour l'enquête de Macao en Chine, fut remis en double à l'archevêque de Goa et à l'évêque de Macao. Les procès furent ouverts et les témoins examinés [1].

Il y eut de plus un procès compulsoire pour la production, par les pères franciscains de Manille, de la sentence originale de Taicosama et de la lettre du père Pedro Martins, évêque du Japon, au provincial des franciscains des Philippines.

L'enquête de Mexico eut lieu devant don Juan de la Serna, archevêque, assisté des docteurs D. Juan de Salzedo et Melchior Arindez de Oñate. Sur l'instance du P. Fr. Pierre-Baptiste, procureur [2], l'expédition en fut faite le 13 janvier 1621.

Celle de Tlascala ou Puebla de los Angeles s'accomplit devant D. Alonso de la Mota y Escobar, évêque de Tlascala, assisté de D. Fernando Franco Risueno, vicaire général, sur l'instance du père Pierre-Baptiste, procureur [3]. L'envoi eut lieu vers la même époque.

L'enquête de Nangasaki s'ouvrit le 7 septembre 1622, au milieu d'une persécution terrible.

Le père Diégo Collado, vicaire provincial de Saint-Dominique, était juge apostolique rémissorial, et avait

[1] Les procès-verbaux sont en espagnol.

[2] On y examina un tableau représentant les vingt-six martyrs et on en dressa procès-verbal.

[3] On y exhiba la première enquête de Méaco, traduite ; deux Japonais y déposèrent.

pour assistant le père Dominique Castellet, ministre provincial. Le père Antoine de Saint-Bonaventure, franciscain, substituant le père Pierre-Baptiste, alors au Mexique, était procureur, et le père Pedro Vasquez, dominicain, remplissait les fonctions de notaire apostolique. Les juges primitivement désignés étaient les pères Collado, Rueda et Orfanel. Mais le père Rueda était alors absent. Plus tard, en 1626, il fut massacré à Formose par les indigènes. Le père Orfanel, prisonnier pour Jésus-Christ, devait être martyr le 10 décembre de la même année.

L'enquête fut ouverte trois jours avant le grand martyre du P. Spinola et de ses compagnons, à Nangasaki même.

Les séances eurent lieu tantôt dans un oratoire en dehors de la ville, tantôt dans un oratoire de la cité, ou, le plus souvent, dans une barque.

Le 14 septembre, à 8 heures du soir, eut lieu la première séance, en l'oratoire de Notre-Dame du Rosaire, hors de Nangasaki. — Les autres se succédèrent ainsi : Dans une barque : le 17 septembre, à 6 heures du soir ; le 19 septembre, à 8 heures du matin ; le 22 septembre, à 9 heures du matin ; et le même jour, à six heures du soir ; le 23 septembre, à 9 heures du matin ; et le même jour, à 7 heures du soir ; le 24 septembre, à 8 heures du matin. — Dans un oratoire de la cité : le 26 septembre, à 10 heures du matin ; et le même jour, à 4 heures du soir ; le 27 septembre, à 7 heures du matin ; et le même jour, à 2 heures du soir.

L'envoi porte la date du 18 octobre.

L'enquête des Philippines et celle de Macao eurent lieu vers la même époque.

Le rapport fait sur ces enquêtes par les auditeurs de Rote, Jean-Baptiste Cocino, doyen, Alphonse Manzanedo, patriarche de Jérusalem, et Philippe Pirovani, porta cette conclusion : « De tout ce qui précède nous avons jugé devoir conclure que cette cause était en tel état que, selon les rites de la sainte Église romaine, et les dispositions des sacrés canons (si Votre Sainteté l'agrée), on peut procéder à la canonisation de ces serviteurs de Dieu, et à leur inscription au nombre des saints, dans la forme usitée dans l'Église. »

Le pape Urbain VIII les déclara martyrs par décret du 10 juillet 1627, et, par un autre décret du 14 septembre de la même année, accorda la permission de célébrer la messe des vingt-trois Franciscains, déclarant que l'on pouvait traiter la cause de leur canonisation.

En 1629, le même pontife accorda la permission à tous les prêtres, même séculiers, de dire l'office et la messe des trois frères de la Compagnie de Jésus.

Jusqu'à ce jour, dit le Révérendissime ministre général des Frères Mineurs dans sa lettre circulaire à tout l'Ordre séraphique, en date du 22 décembre 1861, on n'avait pas fait de nouvelles démarches pour obtenir la canonisation solennelle de ces glorieux martyrs, et c'est à notre siècle que la bonté divine a réservé cette grâce.

Le 23 décembre 1861, Notre Saint Père le Pape [Pie] IX a déclaré, en présence du Sacré-Collége, que [la] cause était terminée, et qu'on pouvait procéder à [la] canonisation des vingt-trois martyrs franciscains.

[Et] le 25 mars (fête de l'Annonciation) 1862, Sa [Sa]inteté a exprimé la même déclaration pour les [tro]is martyrs de la Compagnie de Jésus.

La fête de la canonisation aura lieu le 8 juin de la [pré]sente année, et Sa Sainteté y a convié tous les [évê]ques de la catholicité.

Ce concours solennel de tous les pasteurs, ayant [en] lui tous les éléments d'un concile œcuménique, [glo]rifiera Dieu dans ses martyrs et dans ses saints, et, [sel]on les desseins de l'adorable Providence, rendra [té]moignage à la face du monde des droits impres[cr]iptibles de l'Église de Dieu.

Paris. — Imp. W. REMQUET, GOUPY et Cie, rue Garancière, 5.

AUX MÊMES LIBRAIRIES.

Ouvrages du même Auteur.

Lettres de saint François-Xavier, de la Compagnie de Jésus, apôtre des Indes et du Japon, traduites sur l'édition latine de Bologne. Edition accompagnée de notes, de la vie du saint, de documents contemporains, ornée d'un portrait et de cartes. 2 vol. in-8.   12 fr.

Bibliographie japonaise, ou catalogue des ouvrages relatifs au Japon, qui ont été publiés depuis le xve siècle jusqu'à nos jours. 1 vol. in-4°.   6 fr.

Essai de grammaire japonaise, traduit du Hollandais de MM. Donker Curtius et Hoffmann. 1 vol. in-8.   20 fr.

Dictionnaire japonais-français, traduit du dictionnaire japonais-portugais, composé par les missionnaires de la Compagnie de Jésus, et imprimé en 1603, à Nangasaki; et revu sur la traduction espagnole du même ouvrage, rédigée par un Père dominicain, et imprimée en 1630, à Manille. 1 fort vol. in-8, en cinq livraisons d'environ 200 pages chacune (la 1re livraison vient de paraitre). Prix de la livraison :   12 fr. 50

EN PRÉPARATION:

L'Empire du Japon, ses origines, son Église chrétienne, ses relations avec l'Europe. 4 vol. in-8, d'environ 600 pages chacun, ornés de cartes et gravures.

Première Partie. — 1er LIVRE. Géographie; — Ethnologie; — Histoire Naturelle. — 2e LIVRE. Paganisme (Sectes, Idoles, Fêtes et Cérémonies, etc.) — Religion chrétienne (Culte, Missionnaires, Clergé indigène, Œuvres charitables, etc.) — 3e LIVRE. Politique; — Législation; — Mœurs. — 4e LIVRE. Agriculture, Commerce et Navigation ; — Arts et Manufactures; — Sciences; — Poids, Mesures et Monnaies. — 5e LIVRE. Langue; — Littérature.

Deuxième Partie. — 1er LIVRE. Chronologie japonaise. Annales indigènes. — 2e LIVRE. Découverte par les Européens. Apostolat de saint François-Xavier. — 3e LIVRE. Règne de Yositir, etc. (1550-1565.) — 4e LIVRE. Règne de Nobounanga (1566-1582.) — 5e LIVRE. Règne de Taicosama (1582-1598.)

Troisième Partie. — 1er LIVRE. Règne de Daifousama (1598-1615.) — 2e LIVRE. Règne de Xogounsama (1615-1631.) — 3e LIVRE. Règne de Tochogounsama (1631-1651.)

Quatrième Partie (Temps modernes.) — 1er LIVRE. (1651-1760.) — 2e LIVRE. (1761-1840.) — 3e LIVRE. (1841-1862.) — Bibliographie des sources ; — Table géographique; — Table générale.

Paris. — Imprimerie W. REMQUET, GOUPY et Cie, rue Garancière, 5.

www.ingramcontent.com/pod-product-compliance
Lightning Source LLC
Chambersburg PA
CBHW070523100426
42743CB00010B/1920